若さと元気は
手足から！
気軽に始めよう

高齢者の毎日できる
指遊び・手遊びで機能訓練

大石亜由美

いかだ社

はじめに

　小さい頃に、一度は遊んだことのある指遊び。
　指や手を動かすだけでできる遊びは、知恵遊びでもあります。
　歳を重ねていくこれからの若い世代を含め、誰もが「高齢者」と位置付けされる時期がやって来ます。これからもより生活に張りを生み出し、行動範囲を広げ、高齢者に見られる引きこもりなども回避していきたいという思いがあります。
　日常生活のあらゆる面から情報を取り入れて「指遊び・手遊び」を「かたち」にしてみました。

　日常生活の中で人は様々な動きを必要とします。
　たとえば朝起きて、寝まきから洋服に着替える時にボタンをはずしたり、脱いだり着たりなど、普通に体を動かしています。出来る方にとってはどれも「普通のこと」ばかり。しかし、私がかかわっている高齢者の方は「ボタンのかけはずし」「上着を首から脱ぐ」といった動きが出来にくい方も多くいらっしゃいます。その動作の根本は「指先の動き」です。「ボタンをつまむ指先」「脱ぐために洋服をつまむ指先」……この「最初の動き」が上手く出来ません。また、食事の時の動きなども同じです。箸を持ったり、お茶碗を持つなど、すべてが「指や手の動き」を必要としています。このような動

きが思うようにいかない方の日常を看護していた中で気がついたことがありました。日常の動きがスムーズにいくために、少しでも今の出来ている状況を維持するために「毎日楽しく出来る、指の動きはないかな？」という思いでした。遊びながらその動きが出来れば、「きっと遊んで楽しいし、出来て嬉しい」……そこにつながる遊びをたくさんの経験の中から考えてみようと思いました。

　遊びながら予防！　遊びながら刺激！　遊びながらリハビリ！　この本では、すべての項目に「この遊びのPoint」をご紹介しています。この遊びが日常生活動作のどのような事に近いのか、似ているのか、同じなのかを明記しています。

　遊びながら日常生活の動きに反映させていますので、ぜひ参考になさってください。楽しみながら継続でき、どこでも誰とでも気軽に遊べるものをたくさんご紹介いたします。

　指遊び・手遊びで「生き生き長生き」「元気に楽しく」。そんな歳の重ね方ができるように、この１冊を活用していただけたら本当に嬉しく思います。

大石亜由美

目次

はじめに………2
指遊びを楽しむために………6

手・指で遊ぶ

伸ばして曲げて指ストレッチ………8
　指折り・文字当て・指じゃんけん・指さし・指相撲・指ならし・指8の字・指リズム・指勝負・指ピアノ・指変身・握手じゃんけん・重ねてパチン・指輪っか相撲・指ピッタンコ

プチプチ バリバリでストレス発散!!………14

くるりん ペン回し………16

電卓たたいてお買い物………18

豆で指ストレッチ………20
　豆移し・豆でアート・いくつつかめるかな・ならんだ豆

カラフルボタンで気分晴れ晴れ!………22
　ボタンおはじき・ボタンのひも通し・ボタンでパズル

つまむ力は百万馬力!?………24
　重量当てゲーム・洗濯バサミで釣りゲーム・
　移動する洗濯バサミ

割りばしスキップ………26
　割りばしスキップゲーム・割りばし相撲

クリップアート………28

紙皿・紙コップ………30
　紙皿テニス・コップでキャッチ！

ふわふわスポンジゲーム………34
　スポンジのつかみ取り・スポンジ飛ばし・スポンジ的当て

びよよ〜ん 輪ゴムで遊ぼう………36
　輪ゴム指移動・輪ゴム投げ

ペーパー芯でジャグリング………38

ふわふわキャッチ………40

ペットボトル1本でストレッチ………42
　ペットボトルのマラカス・ストレッチ用のボトルづくり

ペットボトルのふたでミニミニマラカス………44
　つかみ取りゲーム・ミニミニマラカス

ストロージョイント………46
　ストローつなぎ・ひも通し遊び

気合いを入れて、新聞パンチ！………48
　　新聞のこより・新聞パンチ
うちわレース………50
ハンカチキャッチ………52
　　ハンカチボール・ハンカチ指結び・ハンカチ取り
手ぬぐいでちょこっと遊び………54
　　ねじりハチマキ・帽子風かぶり・手ぬぐいでストレッチ
軍手で握手………56
　　軍手はずし・軍手で玉結び・カード取り
童心にかえって石遊び………58
　　石積み・石おみくじ
木の実で遊ぼう………60
　　まつぼっくりのお山・どんぐりコマ
ぽんぽん指スタンプ　ぽん！………62
三つ編みで乙女な気分………64
　　三つ編みの編み方・花をつくる
指のからくり遊び………66
　　ひもを編む・ひもゴムを編む・丸を編む
おしぼりアート………68
　　ウサギ・ペンギン・花
歌ってつくろう　バルーンアート………70
　　はちまき・飛びネズミ・うで輪・お花
　　ワンちゃん・キリンさん・たこさん・お魚さん

足・指で遊ぶ

足指じゃんけん　じゃんけんポン！………76
握って伸ばして１・２・３………78
ぎゅ～っとつかむと逃げちゃうよ………80
　　ふた移動・ふたはさみ
クチャクチャ新聞紙………82
踏んで踏んで　ボヨンボヨ～ン………84
思わず興奮　足の動きイメージトレーニング………86
　　歩く・走る・ケンケン・自転車こぎ
　　階段歩き・ジャンプ・滑る
登って降りて、行ったり来たり………90
輪ゴムのお散歩………92

指遊びを楽しむために

①指や手を動かすことは
　何で大切なの？

　指遊び・手遊びで脳を刺激することによって、認知症の予防にもなります。また、脳からの運動機能や感覚機能の指令にも影響してくるため、指先や手先を動かすことは、脳の刺激につながるのです。

② 指や手を動かすと
　　どこに、どのようにいいの？

　認知予防や転倒予防、疾病からくる症状の軽減、日常生活動作の維持、運動機能や感覚機能の低下の予防があげられます。そのようなことは、生活に張りが出て、楽しみが増えるなど、行動範囲も広がり、今、高齢者に多いといわれる「引きこもり」なども回避できます。すべてにおいて、長生きも楽しくなりそうですね。

③ どのように指遊びをすると、
　　より効果的なの？

　指にはたくさんの動きがあります。「握る・開く・叩く・はじく・つまむ・つぶす・ひねる・結ぶ・押す」どれをとっても大切な動作なので、すべてが使えることが大切です。
　まずは、指だけの遊びから始めましょう。

手・指で遊ぶ

伸ばして曲げて指ストレッチ

指遊びは、場所を選ばず1人でも気軽に継続できます。
慣れてきたら、物を使ったり、
つくったりするとより楽しめます。

指折り

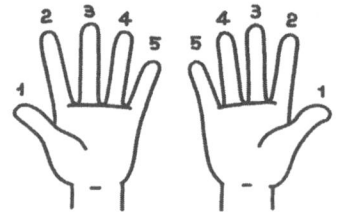

①両手を開き、親指から順に小指まで、指を折っていきます。

②次は、逆に小指から順に親指まで、指を折っていきます。

③両手を開き、左手は小指から、右手は親指から、同時に指を折っていきます。
グーの状態になったら、逆に開いていきます。

文字当て

①人差し指で相手の背中に文字を書き、どんな文字が書かれたか当てます。
②慣れてきたら、背中に短い文章を書き、どんな文章が書かれたか当てます。
③チーム対抗で行う場合は、同じ短文のお題を、どのチームが早くわかるか競います。

指じゃんけん

① 「1人じゃんけん」は、常に右手が勝つように出します。

② 「違う指じゃんけん」は、人差し指と中指のチョキではなく、中指と薬指・薬指と小指でします。

指さし

◆ 1人の人が3メートルほど離れた相手を指さします。さされた相手は、どの部分をさされたかを当てます。
互いに座っていても立っていてもかまいません。

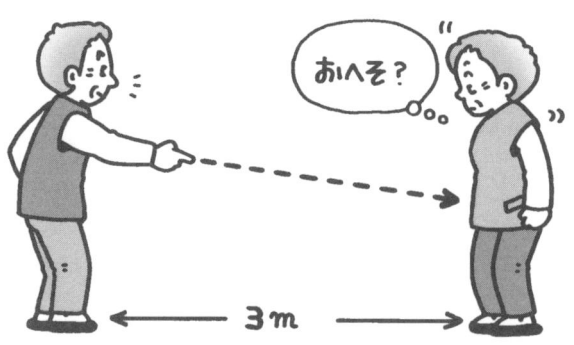

指相撲

◆ 手を握り合い、親指だけを動かし、相手の親指を自分の親指で押さえつけ「1・2・3・4・5」とカウントします。カウント内に指を外せないと負けになります。

指ならし

◆ 親指と中指をすり合わせて、音を出します。すり合わせた中指は親指の付け根で止まるようにします。
　まずは利き手で挑戦し、その後は両手でならしてみましょう。

指8の字

◆ まず、左手の親指と右手の人差し指、左手の人差し指と右手の親指を合わせ8の字をつくります。
　次に、下になっていた右手の人差し指、左手の親指を上で組み合わせ、さらに左手の人差し指と右手の親指を上に……というようにスライドさせていきます。
　最初はゆっくり、徐々にスピードを上げていきましょう。

指リズム

◆ 左手は小指だけを立てて、右手は親指だけを立てます。
　次に、リズムよく左手は親指を立てて、右手は小指を立てます。これを繰り返しましょう。

指勝負

①図のように両手の親指を立てて数当てをします。2本立てる時は「2」、1本立てる時は「1」、両方伏せる時は「ゼロ」と言います。

②じゃんけんで親と子を決めます。親が「いっせーのせ!!」の掛け声と同時に子が指を動かします。子が同じでなければ子の勝ちで、主導権が逆になります。

指ピアノ

①図のように指を机に置きます。リズムは4ビート・8ビート・16ビートをきざみながら、指を変えていきます。

②右人差し指から「右1・左2・右3・左4」続けて8ビート「右い・左ち・右に・左い・右さ・左ん・右し・左い」続けて16ビート「右い・左い・右い・左ち 右に・左い・右い・左い 右さ・左あ・右あ・左ん 右し・左い・右い・左い」です。
続けて中指で繰り返します。小指まで同じように繰り返します。小指までいったら終了です。

指変身

◆ 指でキツネとウサギとタヌキとネコをつくり、繰り返して遊びます。図のように指でそれぞれの形ができるように動かしてみましょう。

◆ リズムに合わせて「キツネ・ウサギ・タヌキ・ネーコ」「キツネ・ウサギ・タヌキ・ネーコ」を繰り返します。最初は片手から次に反対の手、そして両手で遊びます。

キツネ
人差し指と小指が立ちます。

ウサギ
中指と薬指が立ちます。

タヌキ
人差し指と中指を折り曲げて立ちます。

ネコ
親指と小指が立ちます。

握手じゃんけん

◆ 2人一組になります。互いに左手で握手をします。「せ〜の」でじゃんけんをして勝った人が相手の甲をたたきますが、その時負けた人は、たたかれないように自分の右手のひらで防御します。

重ねてパチン

◆じゃんけんで勝った人が、最初に机の上に手を置き、その上に順番に手を乗せて行きます。タイミングをみはからって、一番下の人が手を抜き出して、一番上になっている手をたたくゲームです。

指輪っか相撲

◆2人で行いますが、親指と人差し指を絡めて、準備します。「スタート」の合図で引き合い、親指と人差し指が離れたほうが負けです。

指ピッタンコ

◆左手のひらと右手のひらをぴったりと合わせます。
まず、親指を離し、もとに戻します。次に、人差し指を離し、もとに戻します。
同じように、小指まで行います。

手・指で遊ぶ

プチプチ バリバリで ストレス発散!!

パッキングなどに使うプチプチシートを潰して遊びます。
ストレス発散（?）にバリバリ鳴らして、手の感触も楽しみましょう。

用意するもの◆
プチプチシート（適当なサイズ）　はさみ　油性のマジック

遊び方◆
①2列になり、対面式に座ります。
②横15センチ角で、長さ30センチほどのプチプチシートを2枚つくります。
③15センチの長さの中には、約12～13個のプチプチがあるので、1人が10個のプチプチを潰して、隣の人に回していきます。受けた人は次の段の10個を潰します。
④全部潰し終えたらゲームは終了です。早いほうのチームにポイントが入ります。

アレンジ

◆指先がしっかりしている方は数を増やすといいでしょう。

◆10個がわかりにくい場合は、つぶす前に1つ目と10個目に油性マーカーで線を引いておくとわかりやすいですね。

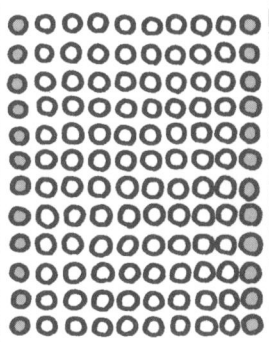

潰す力が弱い方は

◆横15センチ角のシートをぞうきんを絞る感覚で握ると潰れますので、ぞうきんしぼりの要領で遊んでみましょう。

数人で遊ぶ場合

◆大勢で行う場合、慣れてきたら、きちんとプチプチが潰れているか確認して、潰れていないものを減点にして競争すると逆転もあり楽しいです。

◆10センチ四方のシートをチーム分つくり、アトランダムにプチプチの頭を油性色マジックで塗ります。サイコロを振りながら出た目の数だけ順番に潰していき、目の数の最後が色の部分に当たってしまった人は減点です。

※例えば、4が出た場合、4つ目のプチプチに色がついていると、減点になるということです。

この遊びのPoint

◆気分転換やストレス解消に最適ですね。一粒ずつ潰せるということは、指先の力がかなりあると判断されます。空気が入っているので、指がぐらつくために、通常の圧のかけ方以上の力が必要です。日常生活の中で、ジップロックのチャック部分にかける力と同じです。

手・指で遊ぶ

くるりん ペン回し

指と指の間にペンをはさみ、くるりとペンを
回します。初めはうまくできませんが、
毎日習慣でペンを回していると、
気がついた時には回せるようになっていますよ。

用意するもの◆
鉛筆　ボールペン　サインペンなど

遊び方◆

①ペンを親指、人差し指、中指の指と薬指の指先で支えます。

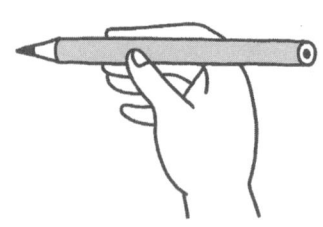

②人差し指をペンから離し、3本の指でささえ、次に薬指を離します。

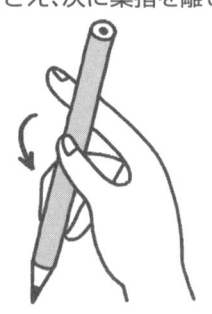

③親指、中指をこするようにします。

※ペンを持ちながら指を鳴らす感じです。すると、ペン先が親指の上を回ります。回り終わったら、人差し指で止めます。

> アレンジ

◆利き手でできるようになったら、反対の手で回してみましょう。慣れてきたら両手同時に回してみましょう。

> 数人で遊ぶ場合

◆いろいろな種類のペンを使って回してみましょう。
◆10秒で何回、回せるかな？　競争してみましょう。

> 握る力が弱い方は
>
> ◆指の曲げ伸ばしのストレッチを充分に行ってみましょう。

この遊びのPoint

◆うまく回らずペンが飛んでしまう人は、指をこする際に親指の上を通るように、中指で調節するといいです。
◆ペンを回すように指と指の間を開くという動きは、脳に刺激をたくさん与えます。このように脳を刺激する事は物忘れなどの予防にもつながっていきます。

手・指で遊ぶ

電卓たたいてお買い物

読み上げる商品の値段を電卓で計算する遊びです。打つ早さ、計算の早さは、遊びに使うとより楽しくなります。

用意するもの◆
電卓（数種類のサイズを準備）

遊び方◆
①「スーパーにお買い物に行きました。買ったのはこの商品です」と、みんなに見せ、計算してもらう遊びです。
②まず最初の2人に電卓を渡します。はじめは2点だけ金額を読み上げます。計算できた人に手をあげてもらいます。回答が同じならば、早く手をあげた人にポイントです。
③何組か行ったら、徐々に数を増やしたり、桁を増やしたり高度にしていきます。

アレンジ 1

◆参加者の持ち物を商品にすると、より楽しくなります。たとえば、着ている上着を脱いでもらって「この上着は500円! 安いよ〜」と、オークションふうに盛り上げるとより楽しくなります。

アレンジ 2

◆「人差し指で8、中指で0」「小指で5、薬指で3」など、指示された指で数字をタッチする遊びです。
慣れてきたら、桁数を多くしたり、読み上げるスピードを早くしていきましょう。

打つ力が弱い方は

◆大きな文字の電卓を選び、キーの高さが低い物を選びましょう。

この遊びのPoint

◆手首と指先の動きを使って遊びますが、頭は自然と計算をしようと考えます。そんな頭の中の動きは物忘れ防止になります。

手・指で遊ぶ

豆で指ストレッチ

つまんだり、はさんだり、握ったりして
遊びます。どんぐりやぎんなん、
落花生などでも楽しく遊べます。

用意するもの◆
豆（大豆、小豆、花豆など）　塗りばし　割りばし　浅めのどんぶり　お椀　ようじ
アクリル絵の具

遊び方◆
★豆移し

◆お椀に20〜30個のいろいろな
　形の豆を入れます。割りばしでつ
　まみ、もう1つのお椀に移し入れ
　ます。スピードアップできるよう
　にカウントしましょう。

★豆でアート

◆ようじを筆代わりにして豆に顔を描きます。今はやりの絵
　文字が楽しいです。絵の具はアクリル絵の具がお薦めです。

★いくつつかめるかな

◆どんぶり半分ぐらいまで、豆を入れます。つかみどりをしますが、いくつくらいつかめるでしょうか？ 数当てもしてみましょう。

★ならんだ豆

◆はしで豆をつまみ、1列に並べてみましょう。コロコロ動くので意外と難しいです。
◆斜めに並べたり、円を描いたりと、いろいろな図形に挑戦してみましょう。

アレンジ

◆つまむものは何でもかまいません。はしの種類を変えたり、つまむ豆を指示しても楽しいです。
◆顔文字のついた豆は「喜怒哀楽」があるので、つまむゲームでも活用できます。「笑ってる顔をさがしましょう〜」などの掛け声をつけると、違う楽しみ方ができます。

ポイント● 指の力がつき、よい運動になります

指の力が弱い方は
◆スプーンですくって遊びましょう。少しずつ指の力が出てきたら、大きなスプーンに替えて遊びましょう。重みが力をつけてくれます。

この遊びの Point

◆指先でつまんだり、握る動きは遊びながら運動になっています。日常生活の中では、毛抜きを使ったり、耳かきをする時と同じ動きです。

手・指で遊ぶ

カラフルボタンで気分晴れ晴れ!

おはじきのようにはじいたり、ボタン掛けをしたり、パズルをしながら遊びます。
形が様々で、色もきれいですから、
おはじきとはまた違った感覚で遊べます。

用意するもの◆
サイズ・形・色の違ったボタン　ひも　画用紙

遊び方◆
★ボタンおはじき

◆様々な形のボタンをばらまいておき、おはじきのようにはじいて1つずつ取る方法です。平らなボタンを選ぶとはじきやすいです。

アレンジ

◆数人で遊ぶ場合は、時間を5分、10分と決めて時間内でいくつとれるか競いましょう。

はじく力が弱い方は

◆軽いボタン、小さいボタンを選びましょう。

★ボタンのひも通し

◆適度な穴のボタンを20個ほど準備して、タコ糸のようなひもに通していきます。何人かで競うと楽しいです。

アレンジ

◆平らなボタンばかりでなく、立体的な丸ボタンは、通りにくいですが入ると楽しいです。
◆慣れてきたら、小さい穴のボタンに糸を通してみましょう。

★ボタンでパズル

①画用紙にボタンの直径と同じ大きさの円を20～30かきます。
②画用紙は人数分準備して、山積みにした中からボタンを選び、同じサイズの円に置いていきます。何人かいる場合は競うこともできます

つまむ力が弱い方は

◆親指にゴムサックなどをはめると滑りにくく、力が弱くても大丈夫です。
◆親指に輪ゴムを軽く巻いてもいいでしょう。

アレンジ

◆円でデザインしたイラストの上にボタンを置いたり、ボタンをアクリル絵の具でペイントして使ってもいいでしょう。

この遊びのPoint

◆ボタンとボタンの間を、人差し指で1本線を入れてからはじくと、平衡感覚も養えます。

手・指で遊ぶ

つまむ力は百万馬力!?

洗濯バサミを使い「指釣り」や「タオル移動」など、家事の中でも役に立つ遊びを体験してみましょう。

用意するもの◆
洗濯バサミ　数十個　タコ糸　ひも　茶封筒　ゼムクリップ　ハンドタオル　厚紙

遊び方◆
★重量当てゲーム

①5センチ四方の厚紙を5枚切ります。また、2センチ四方のサイズも10枚切ります。

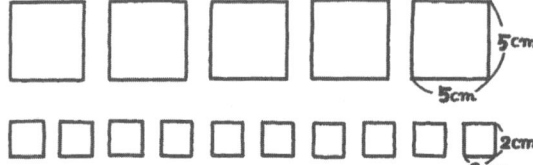

②数グラムずつ違う5つの物をはさんで持ち上げて、軽い順番に並べていきます。
　1つ目の封筒は5センチ四方の厚紙だけ。2つ目は5センチのもの1枚と2センチのもの1枚。3つ目は5センチのものと2センチのもの2枚。このように増やして、5袋つくります。

③封筒に切った厚紙を入れ、タコ糸をつけておきます。タコ糸の長さも5本同じで20センチに揃えます。タコ糸の端を洗濯バサミでつまみ、持ち上げて重量を当てます。

アレンジ

◆利き手でできるようになったら反対の手で持ち、重量を当ててみましょう。重すぎたり、軽すぎるときはサイズを変更してください。人の指の力加減は、それぞれ違うのでアレンジしましょう。

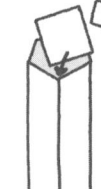

数人で遊ぶ場合

◆みんなでゲームをして、正解率を競います。

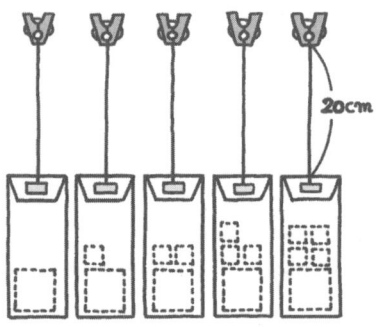

★洗濯バサミで釣りゲーム

◆洗濯バサミでゼムクリップをつかみます。1回でいくつ取れるかを競います。

数人で遊ぶ場合

◆数人のグループに分かれ、1人1回ずつ釣り上げていくつ取れたかを競います。また、10秒でいくつ取れるかなど、時間でゲームすることもできます。

アレンジ

◆利き手でできたら反対の手でつかんでみましょう。

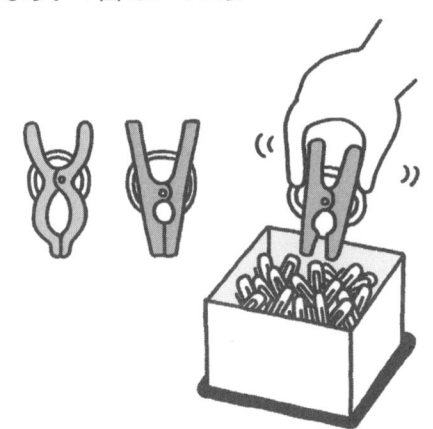

★移動する洗濯バサミ

◆ハンドタオルの周囲に15～30個程度の洗濯バサミをつけておきます。「よーい、ドン!」の合図で、もう1枚のハンドタオルに洗濯バサミを移し替えていきます。

アレンジ

◆利き手でできたら反対の手で移動してみましょう。できたら両手同時に行ってみましょう。
◆タオルの次はひもからひもに移し替えると、より高度な遊びになります。

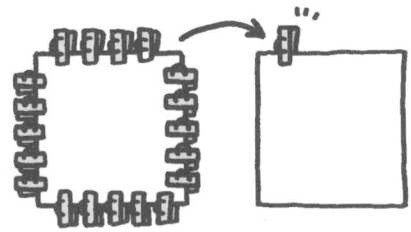

この遊びのPoint

◆洗濯バサミのバネは意外と強く、指先に力を必要とする遊びです。日常生活の中では、洗濯ものを干す時に必要な動きです。

つまみあげる力が弱い方は

◆指の曲げ伸ばしのストレッチを充分に行ってみましょう。
◆洗濯バサミのバネが弱いものを選んでみましょう。

手・指で遊ぶ

割りばしスキップ

つまんだり、はさんだり、握ったり……。
簡単に遊びながら、指の力がついていきます。

用意するもの◆
割りばし　インク（絵の具）　縫い糸（タコ糸）15センチ程度

遊び方◆

★割りばしスキップゲーム

①割りばしの先にインクをつけます。
②左手は台紙の上に置き指を開き、右手は割りばしの上の方を握るように持ちます。
③指と指の間を小指側から、または親指側から順番に、割りばしで渡り歩きます。インクがついているので上手に割りばしが動かないと、手がよごれるので動き具合がよくわかります。

握る力が弱い方は

◆割りばしを握る手の肘をテーブルに固定して動かすと、力をかけずに遊べます。

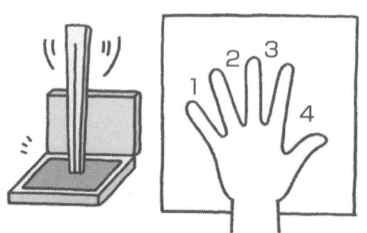

指と指の間を割りばしでスキップして動いていく。

アレンジ

◆割りばしスキップは、音楽に合わせるとテンポがいろいろで楽しいです。

この遊びのPoint

◆瞬発力と集中力を養いながら、テンポを刻むようなリズム感が楽しめます。慌てて動かすと手が汚れますが、その汚れた手を見ても、「はねつきの墨顔」の罰ゲームのようで楽しいです。

★割りばし相撲

① 割りばしは10センチ弱にカットします。タコ糸を15センチの輪にします。
② 割りばしを糸にくぐらせ、中央に持ってきてから、左手の親指と人差し指の腹部分で割りばしをはさみ維持します。
③ 右手も2と同様にして糸を介して引き合います。
④ 輪にした糸を綱引きのように引き合うことで、割りばしを持っている手の指のほうが力が強い事がわかります。

アレンジ

◆親指と他の指でもできます。糸を太くしたり長くすると、手から割りばしが離れやすい分、指の力を使うことになるので指の力がつき、よい運動になります。

数人で遊ぶ場合

◆他の誰かと綱引きのように引き合い遊びます。

指の力が弱い方は

◆割りばしをはさむ指を3本にしてみるといいでしょう。

この遊びのPoint

◆指先のつまむ力や、つまんでいる間の持久力が養われます。水道の蛇口をひねる等の日常生活にも役立つ遊びです。

手・指で遊ぶ

クリップアート

ゼムクリップをつなぎ合わせて形をつくります。数を増やしていくことにより、いろいろな形ができてきます。つなげたものを外す動作もゲームに発展させましょう。

用意するもの◆
カラーゼムクリップ

遊び方◆
基本はつないで形をつくります

3個で　三角ができます

4個で　正方形やひし形ができます

5個で　台形ができます

6個で　大きな三角や六角形や長方形ができます

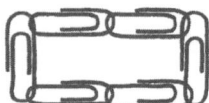

7個で　お花ができます

8個で　丸や凹凸ができます

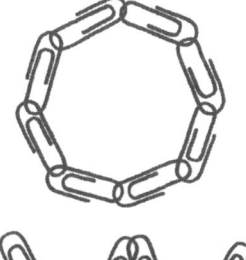

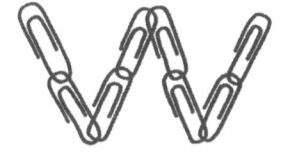

9個で　犬ができます

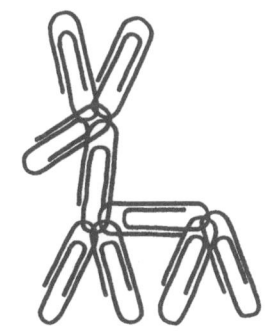

10個で　星ができます

アレンジ

◆数に応じて、いろいろな形になります。また、他のものと組み合わせて新しい形ができるようになると楽しいですね。

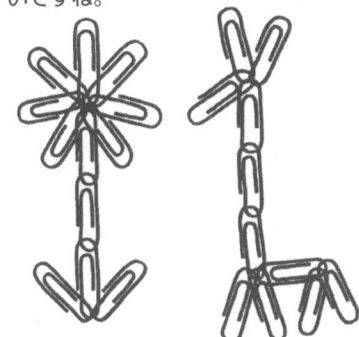

数人で遊ぶ場合

◆みんなで協力して、大作をつくるととてもきれいです。
◆つないだものを外す時には、カウントして数字を競うゲームも楽しめます。

指の力が弱い方は

◆ゼムクリップを少し緩めておくと、つながりやすくなります。

この遊びのPoint

◆つなげていくことで形が出来上がる……そんな想像力豊かになる遊びです。

手・指で遊ぶ

紙皿・紙コップ

軽くて軟らかい紙素材なので、たくさん力を使わず、体力を保持しながら遊べます。
投げたり、取ったり、打つなどの動きは全身が活発になります。

用意するもの◆
紙皿　紙コップ　ティッシュ　割りばし　テープ

遊び方◆

★紙皿テニス

◆ティッシュを丸めて、もう1枚のティッシュで包んで羽をつくります。
◆紙皿の裏に割りばしを1膳貼り付けて、ラケットをつくります。

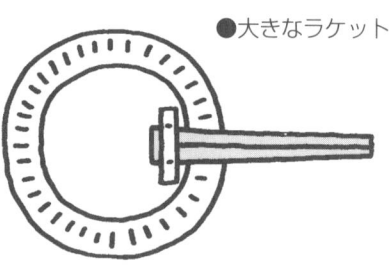

●大きなラケット

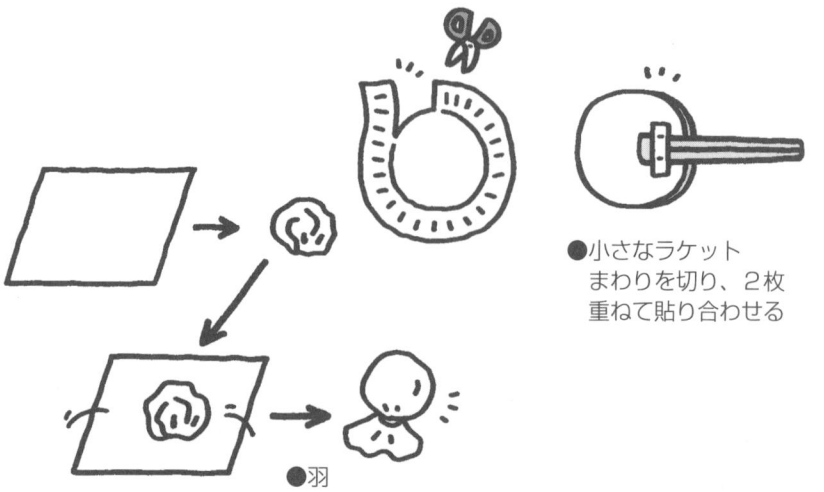

●小さなラケット
　まわりを切り、2枚重ねて貼り合わせる

●羽

1人で遊ぶ場合

◆1人で打つ練習ができます。落とさずに何回続くでしょうか。歌を歌いながら、1曲終わるまで落とさず続けられるかな？

数人で遊ぶ場合

◆2人や数人で打ち合います。
◆1人の人がたくさんの羽をまとめて投げ、それをみんなで打ちます。
◆羽が軽いので、あおぎながらゴールに向かうというゲームもできます。

アレンジ

◆紙皿の周囲を切り取り、円を小さくすると、羽のあたる面積が小さくなるので難易度が増します。慣れてきたら、チャレンジしてみましょう。
◆小さなラケットをつくる場合は、紙皿を2枚重ねて貼り、強度を強めましょう。

手首がききにくい方

◆手首を曲げないように、腕を動かす工夫をすると楽しめます。

この遊びのPoint

◆ラケットを使う動きは、手首の曲げ伸ばしの動きです。日常生活の中では、お風呂のお湯を桶ですくうなどの動きと同じですね。

★コップでキャッチ!

1人で遊ぶ場合

◆1人でティッシュの羽を投げて、紙コップでキャッチします。また紙コップと紙コップの口の部分を合わせて、上の紙コップをそのまま投げあげて紙コップを重ねてキャッチします。

体がききにくい方は
◆座って遊ぶと楽しめます。

数人で遊ぶ場合

◆2人や数人で羽を投げ合います。
 1人がたくさんの羽をまとめて投げてそれを取ります。

アレンジ

◆高度になると紙コップを両手に持ち、同時に使えるようになるとまた楽しいです。

この遊びのPoint

◆腰のUP・DOWNがありますが、この動きは日常生活の中で、階段昇降などの動きと同じです。

手・指で遊ぶ

ふわふわスポンジゲーム

スポンジをはさんだり、
握ったりして遊びます。
指の力がつき、よい運動になります。

用意するもの◆
スポンジ　輪ゴム

遊び方◆
★スポンジのつかみ取り

◆食器などを洗うスポンジを準備します。スポンジを3センチ角に切り、30個ぐらいまとめて山積みにし、それをつかんでみましょう。ひとつかみでいくつ取れるかな。

文字や絵をかいておくと楽しい

★スポンジ飛ばし

◆3センチ角のスポンジを左の手のひらにのせて、右手の親指と人差し指ではじいて飛ばし、距離を競います。

★スポンジ的当て

◆3センチ角の紙を折りたたみ、ゴムに絡ませて紙を飛ばし、スポンジに当てます。
◆ゴムてっぽうを飛ばして、スポンジに当てます。

アレンジ

◆飛ばす時に10秒カウントして、いくつ連続で飛ばせるかを競うのも楽しいです。

数人で遊ぶ場合

◆スポンジを指で飛ばすだけではなく、指の代わりに輪ゴムを飛ばしたり、みんなでいろいろな方法を考えてみるのも楽しいです。

指の力が弱い方は

◆スポンジをひとまわり小さい形に切り、たくさんつかめるようにしてもいいですね。

この遊びのPoint

◆指先から手を全体的に使い、物を握る動きは遊びながら運動になっています。日常生活の中では、タオルや洋服を下から取り上げる動きと同じです。

手・指で遊ぶ

びよよ〜ん 輪ゴムで遊ぼう

輪ゴムをはめて、はずして、動かして、
つなげる遊びです。
輪ゴムは手ごろなアイテムですから、ポケットに
入れておけば、とっさの余興にもぴったりです。

用意するもの◆
輪ゴム　割りばし　画用紙　セロハンテープ

遊び方◆

★輪ゴム指移動

◆まず右手の指先の爪部分を立てて机の上に置きます。これが基本姿勢です。

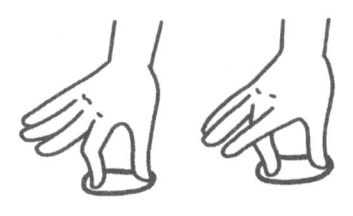

①最初は親指と人差し指に1本のゴムをかけます。この時、指先は机についたままです。次に、人差し指から中指にゴムを移します。

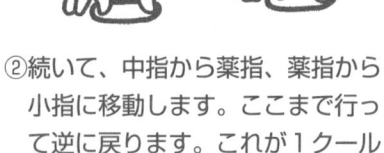

②続いて、中指から薬指、薬指から小指に移動します。ここまで行って逆に戻ります。これが1クールです。

③左指も同様に行います。
　慣れてきたら左右同時に行います。

動かす力が弱い方は

◆手の指先を上むきにして、机を使わないで輪ゴムを移動させてみましょう。少しずつ、指が細かく動くようになってきますよ。

> ### この遊びのPoint
> ◆指の3か所の関節を上手に使わないと輪ゴムは動いてくれませんが、慣れてくるとスムーズになります。この時に輪ゴムがたるまないように指を開くと、さらに移動しやすいです。日常生活の中では洋服のボタンかけなどがその動作に似ています。

★輪ゴム投げ

① 割りばしをセロハンテープやボンドで接着し、三角形になるように少し離し、画用紙に10本立てます。
② 割りばし1本ずつの周囲に輪ゴムサイズの円を描き、その円に10点・20点・30点・100点など数字を書きこみます。
③ その土台より30センチほど離れた位置から輪ゴムを投げて輪投げをします。5回行い、点数の合計を競います。

アレンジ
◆輪ゴムが軽すぎるときは2重・3重で投げてみましょう。

- 30点
- 20点
- 10点

数人で遊ぶ場合
◆点数を競ってゲームをしましょう。

> #### 投げる力が弱い方は
> ◆指パチンコのように、輪ゴムをひっぱって飛ばすと楽に遊べます。

> ### この遊びのPoint
> ◆軽い物を、的に向かって投げるのは難しいことです。指先の細かい動きが上手だと、的に当たりますよ。

手・指で遊ぶ

ペーパー芯でジャグリング

軽い芯を投げたり、取ったりなどの動きは全身が活発になります。芯に絵を描いたりカラーテープを貼って、
"My芯"をつくっておいても楽しいですね。

用意するもの◆
トイレットペーパー・ラップなどの芯20本以上

遊び方◆

◆ラップの芯を両手に1本ずつ持ちます。
　持つのは下1/3ぐらいの部分です。

◆右手で、自分の手の上30センチぐらいまで投げて、落ちてきた芯を手でキャッチします。次は左手で行います。出来るようになったら、両手でしてみます。

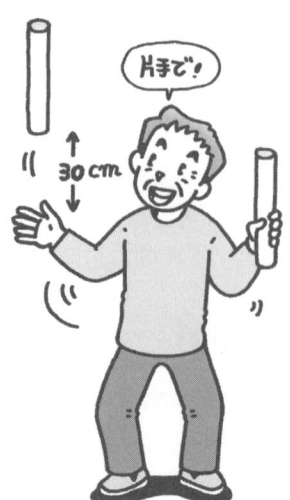

◆右手で投げ、右まわりに1回転して右手でキャッチします。次は左手で行います。出来るようになったら、両手でしてみましょう。

◆右手で上に投げて、左手でキャッチしますが、落ちてくる前に左手の芯は右手に持ち替えておきます。逆も行ってみましょう。

数人で遊ぶ場合

◆1人で行うことを2人で行います。自分の投げたものを向き合う相手にキャッチしてもらい、相手の投げたものを自分がキャッチします。

それ！

おっと！

この遊びのPoint

◆バランス感覚が大切です。きちっと立って、足を踏ん張り、バランス良く動かさないとできません。この動きは日常生活で、何かをまたぐ、何かをよけて歩くなど、とっさの動きに関係してきます。

腕がききにくい方は

◆ゆっくりと、片手ずつで遊んでみましょう。

手・指で遊ぶ

ふわふわキャッチ

軽くて軟らかい素材なので、たくさん力を使うことがなく、体力を保持しながら遊べます。投げたり、取ったりなどの動きは全身が活発になります。

用意するもの◆
レジ袋

遊び方◆
◆レジ袋を広げて、上に投げます。落ちる前に、何回拍手できるかカウントします。
◆投げている間に1回転したり、床や壁をタッチして遊びます。

数人で遊ぶ場合

◆レジ袋を広げて、上に投げます。ういている間に、目の前にいる誰かにタッチしたりして遊びます。
◆2人や数人で投げて、いっせいにキャッチします。
◆足でフワフワとけり合ってサッカーのようにします。

投げる動作が難しい方は

◆誰かに投げてもらってキャッチしてみましょう。軽いものなので、少しずつ腕が上がると投げられるようになります。

この遊びのPoint

◆両手を上にあげる動作になります。日常生活の中でシーツや布団を広げる時に、パタパタとしますね。あの動きに似ています。

手・指で遊ぶ

ペットボトル1本でストレッチ

中に砂やビーズなどを入れてマラカスをつくれば、楽器にもなります。
音を楽しみながら運動できますよ。

用意するもの◆
ペットボトル（350ml） 砂 ビーズ 豆 水 など

遊び方◆

★ペットボトルのマラカス

◆底に2センチ程度の量で、ビーズや豆など音の出るものを入れ、歌や音楽に合わせてリズムをとりましょう。

数人で遊ぶ場合

◆音楽や歌に合わせて、パートを決めて鳴らすなど、体を動かしましょう。中身の違うもので音の感じが変わるのを楽しみましょう。

アレンジ

◆色つき水にするときれいです。
◆運動方法…座位や立位で行えます。

ポイント●各自の運動ボトルなのでボトルに絵を描いたりテープやシールを貼ると楽しいです。体力に合わせて中身の量を増やしていきましょう。ボトルに印や日付を入れるといいですね。

★ストレッチ用のボトルづくり

◆各自の体力の程度に合わせて、砂の量を加減します。両手で持ち運動をします。
◆日常生活の中で、目のつく場所に常に置いておくと、テレビやラジオの音楽などに合わせ、リズムをきざめて楽しいです。運動のつもりで遊ぶのもいいでしょう。

運動の方法

①上肢を伸ばし両手を上げ下げする動き

②上肢を伸ばし両手を上で交差させる動き

③上肢を前方に伸ばし開く閉じるの動き

④上肢を前方に伸ばし交差させる動き

⑤両手を体の横に下げて肘を曲げたり伸ばしたりする動き

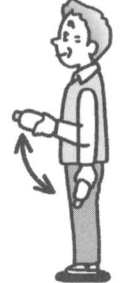

この遊びのPoint

◆上半身全体から上肢にかけてすべての動きをする遊びです。日常生活では、買い物の荷物、かばん、洗濯ものが入ったかご、段ボールの荷物、衣装箱を動かすなど、いろいろな場面で、遊びと同じ動きをしています。

手の力が弱い方は

◆軽いものから始めると楽しく遊べます。少しずつ重くなっていく達成感を楽しみましょう。

手・指で遊ぶ

ペットボトルのふたで
ミニミニマラカス

ペットボトルのふたでマラカスづくり。
中身を変えて音の変化を楽しみましょう。

用意するもの◆
ペットボトルのふた　箱（穴をあけて腕が入る大きさ）　豆、ビーズなど

遊び方◆
★つかみ取りゲーム

◆腕が入る高さの箱を用意し、腕が入る大きさに穴をあけ、箱の中にペットボトルのふたを入れます。
◆箱の中に片手を入れ、つかみ取りの要領で持てるだけふたをつかみます。つかんだ数をカウントし競います。

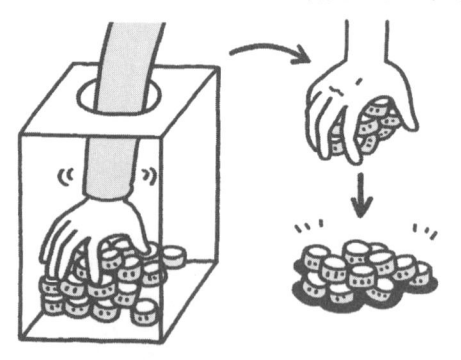

アレンジ
◆当たりキャップを入れ、そのキャップに高得点・減点得点をつけると楽しいです。ふたにそれぞれ数字を書き、合計点数を競う方法もあります。水中で取るのも、とりにくいところが楽しいです。
◆数はたくさんつかめないものなので、ポイントがつくような方法を考えるといいですね。

数人で遊ぶ場合
◆つかんだ数や、特典などを競って遊びましょう。

握る力が弱い方は
◆数の多さではありません。1つから少しずつ増える達成感を楽しみましょう。

この遊びのPoint
◆みなさんが布団に横になった時に、次の動作は体の上にある掛け物を首のところまで引き寄せる動作ですね。そのつまむ動作は指と手のひらの動きになりますが、「ふたのつかみどり」と同じ手の形になりますね。

★ミニミニマラカス

◆最初に、ふたとふたを合わせてサイズの確認をします。豆などを中に入れ、片方のふたに入れて再度合わせた状態で軽く振り、音が聞こえることを確認します。確認できたらビニールテープで2つのふたを合わせます。

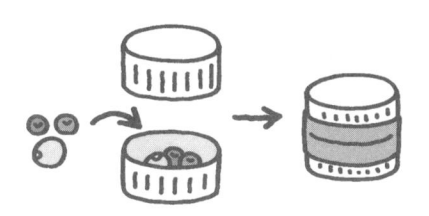

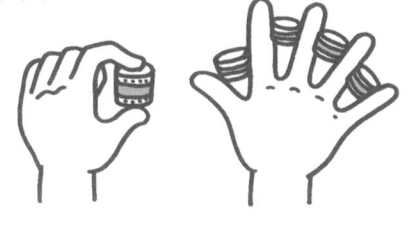

数人で遊ぶ場合

◆音楽や歌に合わせて、パートを決めて鳴らしたり、中身の違うもので音の感じが変わるのを楽しみましょう。

ポイント ●ふたにはいろいろな絵や文字があるので、除光液やベンジンでふき取ってきれいにし、シールやマーカーで装飾しましょう。

アレンジ

◆両手の指の間にマラカスをいくつかはさんで、鳴らしてみましょう。
◆3～4個のマラカスをにぎって音を鳴らしてみましょう。
◆音比べをして中身を当ててみましょう。
◆歌を流して手を振り、リズム体操をしてみましょう。

手の力が弱い方は

◆指ではさまなくても、いくつか軽く握って音を出してみましょう。また、握る力が弱い方は、ビニールの袋に入れてそれを手首に下げて、手を振ると音が鳴ります。

手・指で遊ぶ

ストロージョイント

いろいろな太さのカラフルなストローが
市販されています。
つないでつないで、
どんな形をつくりましょうか。

用意するもの◆
いろいろなストロー　ひも

遊び方◆
★ストローつなぎ

◆曲がるストローを使います。どちらからでも、どのように
でも、ストローを差しこんでつなげます。穴にストローを
入れる動作もなかなか難しいですよ。また太さを変えてい
ると違うものができるので楽しいですね。

こんなに
つながった
よ！

つぶす力が弱い方は

◆やわらかめのストローを使いま
す。少しずつですが、力がつく達
成感を楽しみましょう。

★ひも通し遊び

- ◆ストロー数本を用意し、5センチ・10センチ等の長さに切ります。
- ◆書類を通すひもなど、先がとがったものを使って通してみましょう。

アレンジ

- ◆長い、短いを交互にするときれいな列ができます。長くしてミニのれんもできます。

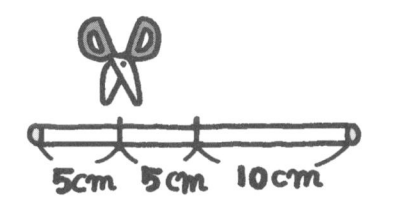

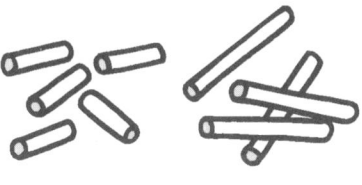

ネックレス

数人で遊ぶ場合

- ◆1人につき3〜5個の切ったストローをひもに通し、次の人も同じように3〜5個を通し、メンバーが終わるまで行い、どのチームが早いか時間を競いましょう。

通すことが難しい方は

- ◆ストローを短くしてみましょう。徐々に長くしていくと楽しめますね。

この遊びの Point

- ◆指先でつまんだり、つぶす動きは遊びながら運動になっています。日常生活の中では、ボタンの掛け外しの時の動きと同じです。

手・指で遊ぶ

気合いを入れて、新聞パンチ！

破く、音を出す、つくるなど、いろいろな遊びに使える新聞紙。体を動かし楽しいゲームをしましょう。ストレス発散にバリッと破いて、手の感触も楽しみましょう。

用意するもの◆
新聞紙

遊び方◆

★新聞のこより

◆1枚の新聞を半分に切ります。幅3センチほどの短冊に新聞を切り、太いこよりをつくります。どのくらい硬く、しっかりとしたこよりができるでしょう？

数人で遊ぶ場合

◆かたさや早さを競い合うと楽しいでしょう。指先の力が弱い方は、新聞紙をもんで、やわらかくした状態でこよりをつくってみましょう。

この遊びのPoint

◆この遊びは、日常生活の中では、本をめくったり、薄い紙などを1枚ずつはがしたり、とったりする動きと同じになります。

ポイント● 手先が、カサカサでつまみにくい時は、指先を少ししっとりさせましょう。

★新聞パンチ

◆2人で新聞を大きく開いて縦に持ちます。中央の折れ線部分を目掛けてパンチして、新聞を破くという遊びです。

ポイント●新聞はピンと伸ばして張った状態にしましょう。
気合いを入れてパンチしましょう。

新聞パンチ！

数人で遊ぶ場合

◆枚数を増やし厚くして競い合いましょう。

この遊びのPoint

◆大人でも5〜6枚を重ねると破けにくくなります。握りこぶしはじゃんけんの時にしますが、日常生活の中ではあまりありませんね。しかし、ギュッと握りこぶしをつくると、腕や肩まで筋肉がキュッとしまり、荷物を持つ時などの力と似ています。

パンチ力が弱い方は

◆両手でボコボコパンチをして楽しみましょう。破けることが楽しいのでどんな方法でもOKです。

手・指で遊ぶ

うちわレース

パタパタあおいで風船を飛ばしましょう。
フワフワとあちこちに移動して、思う方向に
進んでくれないところが、また楽しいですよ。

用意するもの◆
うちわ（うちわは宣伝用のもので十分ですが、オリジナルうちわも素敵ですね）

遊び方◆

◆風船をあおぎながらゴール目がけて競争してみましょう。
◆風船をどこまで高くあおげるか競ってみましょう。
◆うちわに小さなボールを乗せて、落とさないようにゴール
　までダッシュして競いましょう。
◆うちわで風船をはさみ、隣に回して遊びます。

アレンジ

◆プラスチックのうちわの骨組みに好みの布や紙を貼り、絵を描いたり写真を貼ったりスタンプを押したりして、オリジナルうちわをつくってみましょう。

◆宙に浮かさずに、床に風船を置いてゴール目がけて風船をあおぎましょう。あちこちに動いて楽しいですよ。

数人で遊ぶ場合

◆スタートラインとゴールを決めてみんなで競争しましょう。

「あがれ、あがれ！」

「おっとっと。」

この遊びのPoint

◆手首を使って軽い風船を浮かせる遊びは、思いのほか力を使います。手首を内側にひねる動きは、はしやスプーンで食べ物を口に運ぶ動きと同じです。

あおぐ力が弱い方は

◆うちわは軽いものを選びましょう。宙に浮かさなくても、床に風船を置いてあおいで動かして遊ぶことができます。

手・指で遊ぶ

ハンカチキャッチ

軽くて軟らかい素材なので、たくさん力を使うことがなく、体力を保持しながら遊べます。投げたり、取ったりなどの動きは全身が活発になります。

用意するもの◆
ハンカチ

遊び方◆

★ハンカチボール

◆ハンカチを広げて、対角線で三角に折ります。長いほうからクルクルと丸めて棒状にします。2回ほど結ぶと丸くボールが出来上がります。

◆ハンカチボールを投げて手でキャッチしたり、右手で投げて左手に持った紙皿でキャッチすることもできます。右手で投げて左手に紙コップを持ち、上にのせてキャッチをして遊ぶことができます。

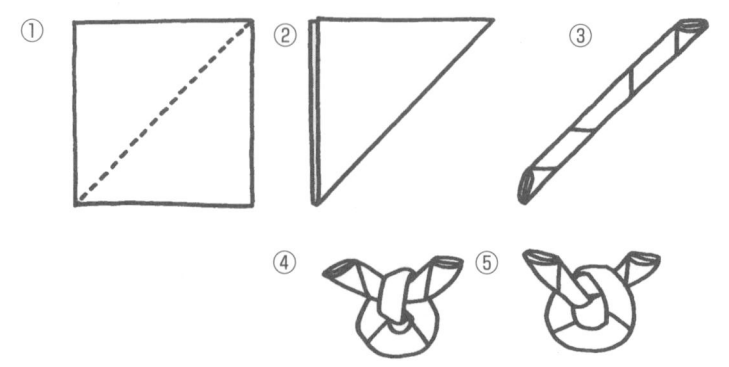

★ハンカチ指結び

◆利き手を使い、反対の手の指にハンカチを結びつけます。

数人で遊ぶ場合

★ハンカチ取り

◆2人一組になり、1人がハンカチを図のように持ちます。もう1人が相手のすきをみて、ハンカチを抜き取ります。ハンカチを持っている人は、その瞬間に抜き取られないようにしっかりと握ります。抜き取られたら交代します。

この遊びのPoint

◆ハンカチ取りやハンカチ指結びなど、瞬間の動きや慎重な動きなど、様々な遊びができます。日常生活の中ではどの動作も大切になります。ハンカチ1枚で出来る遊びを通じて、運動も取り入れてみたいですね。

握る動作が難しい方は

◆薄くて握りにくい場合はハンドタオルなどを使って遊びましょう。

手・指で遊ぶ

手ぬぐいでちょこっと遊び

四季様々な絵柄があり、飾っても素敵な
手ぬぐいを使って、日常生活に
取り入れられるような
遊び方を楽しんでみましょう。

用意するもの◆
手ぬぐい

遊び方◆

★ねじりハチマキ

◆手ぬぐいを細くひねります。おでこに巻いたり、カチューシャのように巻いたりできます。

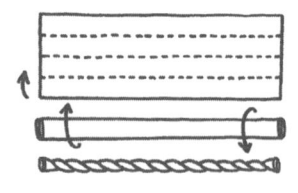

★帽子風かぶり

◆長いまま、頭の後ろからおでこのラインで重ね合わせます。重ねた部分は、外れないように巻きこみます。上の部分を頭の後ろにまくり上げ、残りの部分もまくり上げます。後ろに来た部分を中に巻きこみます。

★手ぬぐいでストレッチ

◆手ぬぐいを首に巻いて結びます。この動作を歌を１曲歌う間に何回できるかカウントしましょう。
◆手ぬぐいの端と端をにぎり、ピンと伸ばして手を上げます。左右にゆれたり、前後に曲げ伸ばししたりします。また、腰の位置だと腰ひねりができます。

この遊びのPoint

◆昔からある手ぬぐいは、薄手で乾きもよく、水回りで重宝されています。また、首や額に巻いて汗をぬぐったり、けがをしたときには包帯代わりに縛ることもできます。そんな日常生活に密着した手ぬぐいを今一度見直して、遊びに使ってみましょう。

アレンジ

◆利き手のみで、反対側の手首を手ぬぐいで結んでみましょう。次は手と足首を一緒に結んでみましょう。手ぬぐいで運動を兼ねた遊びがいろいろと出来ますので応用してみるといいですね。

手・指で遊ぶ

軍手で握手

軍手をはめての動作は意外と難しいものです。
作業のときばかりでなく、
遊びに取り入れてみましょう。
カラー軍手だと気持ちも弾みますよ。

用意するもの◆
軍手（カラー軍手）　ひも　トランプ

遊び方◆

★軍手はずし

◆軍手をはめて握手をします。握手をしながら相手の軍手を
　脱がせたほうが勝ちになります。

★軍手で玉結び

◆軍手をはめて、ひもで玉結びをつくります。指先が厚手なので意外と結びにくいものです。1本のひもで何個の玉結びができるでしょうか。

★カード取り

◆テーブルや床の上にトランプをランダムに並べ、軍手をはめてカードを拾い上げる遊びです。薄いカードは、テーブルや床に張りついてしまい、軍手をはめていると、つかむのはなかなか難しいものです。

ポイント●軍手をはめるとものをつかむ時に滑るので、力が入りにくくなります。動作が難しくなりますが、そんな動きが大勢の方と遊ぶと楽しいところです。

この遊びのPoint

◆軍手の着脱が意外に難しいのですが、日常生活の中で「くつした」を履く動作に似ています。今は「5本指ソックス」を履く方も多いですね。

ポイント●軍手をすると指先の細かい動きが難しくなりますが、指のいい運動になります。

手・指で遊ぶ

童心にかえって石遊び

石を積み上げたり、握ったり、
投げたりして遊びます。
石は握っていると温かく感じます。
自分の手の温度が石に伝わる感じがいいですね。

用意するもの◆
いろいろな大きさ・形の石　箱

遊び方◆

★石積み

◆バランスをとりながら、平らな石を積み上げていきます。崩さないように何個積み上げられるでしょうか。

数人で遊ぶ場合

◆1分間で何個積み上げられるかを競いあいましょう。いろいろな形の石を混ぜ合わせ、組み合わせながら積み上げてもいいですね。

おっとっと…

この遊びのPoint

◆石と石を重ねるときに、いかに倒れないようにするかを考えて、石選びをするのも楽しいですね。

★石おみくじ

◆箱を何個か用意し、それぞれの箱に「大吉」「吉」「いいことある日」「元気になれる日」「出会いの日」「よく寝れる日」など書いて並べておきます。
◆目隠しして石を投げ、入った箱に書かれた文字が「今日の運勢」という遊びです。

アレンジ

◆石に直接、結果を書いて、箱から石を引く「石おみくじ」も楽しめます。

手首の力が弱い方は

◆床に座って投げると、立って投げるよりも手首に力はかかりません。また、軽めで平たい石を使ってみましょう。

この遊びのPoint

◆石を投げて、目的の場所に投げ入れること。集中力や距離感などが遊びを通して養われるのも魅力的ですね。

手・指で遊ぶ

木の実で遊ぼう

どんぐり、まつぼっくり、クルミなど、
木の実を使う遊びは童心にかえりますね。
回して、積んで遊びましょう。

用意するもの◆
どんぐりなどの木の実　ようじ　キリ　油性のペン　白と赤のアクリル
絵の具　台紙（5センチ四方の画用紙やフエルト）

遊び方◆

★まつぼっくりのお山

◆まつぼっくりをなるべく高く、多く山積みにします。その
周囲をひもで囲みます。円の中にまつぼっくりの山ができ
ます。順番に上から、または横から取っていきますが、ひ
もの外へ出てしまったらゲームは終了です。
◆逆に、積んでいく遊びもできます。その時も線から出たら
ゲーム終了です。

くずさ
ないように…

★どんぐりコマ

◆どんぐりの殻斗(かくと)側にキリで穴をあけ、ようじを刺し入れます。バランスをよくするためにようじは長くせずに、つまめる程度がいいです。

数人で遊ぶ場合

◆「どんぐりコマ回し大会」や「まつぼっくり積み上げ競争」をしましょう。優勝者にはどんぐり人形など、木の実でつくった小物をプレゼントしたらよろこばれそうですね。

まっすぐキリであなをあける！

油ねんど

木工ボンド

回しやすい長さに切ろう！

指先がききにくい方は

◆コマを回しにくい方は、パウダーを指にはたいて少し乾燥させると回しやすくなります。

この遊びの Point

◆指の力を加減しないと、コマは回りません。指の細かい感覚は、日常生活の中では、はしで小さなものをつまんだり、すべるナメコや納豆などをつまむ動きと同じです。

手・指で遊ぶ

ぽんぽん指スタンプ　ぽん！

手足の指に、絵の具やスタンプインクをつけて模様や絵を描きます。形の面白さだけでなくいろいろなシワが地模様になって楽しいですよ。

用意するもの◆
スタンプインク　絵の具　筆　画用紙　便せん　封筒　はがき

遊び方◆

◆用紙を選んでスタンプインクを用意します。指の大きさや形を使い、紙にハンコのように押していきます。

◆使う部位はいろいろとあります。指先の腹部分、親指の付け根のふんわりした部分、爪、手の甲の握りこぶしの骨の部分、指と指にはさんで、足の指も同様に使えます。

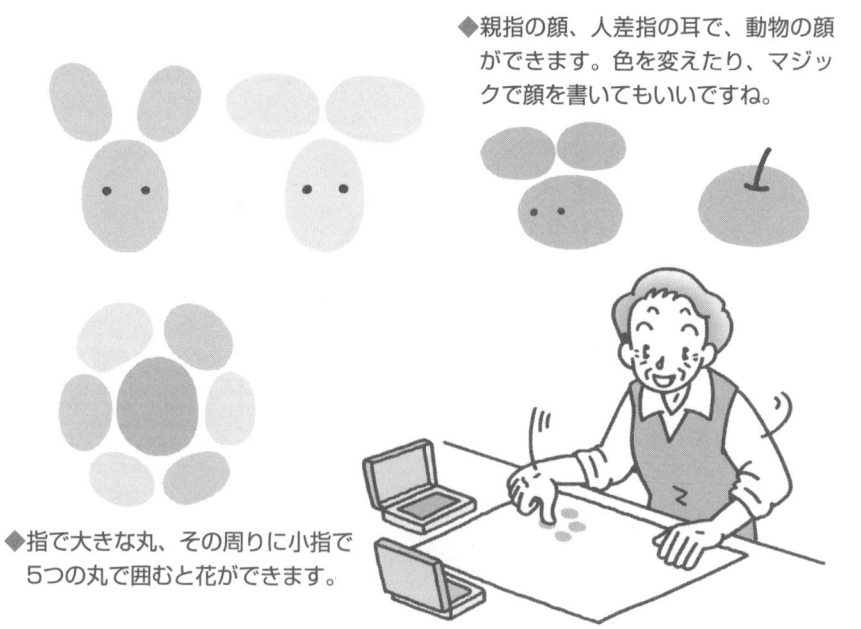

◆親指の顔、人差指の耳で、動物の顔ができます。色を変えたり、マジックで顔を書いてもいいですね。

◆指で大きな丸、その周りに小指で5つの丸で囲むと花ができます。

アレンジ

◆親指、小指の順番に横にスタンプすると、ラインが出来上がります。色を変えてもいいですね。

◆爪先は動物のひげや、花のライン等にも使えます。

ポイント●大きい形、小さい形を組み合わせていろいろなものが描けるので工夫してみましょう。

指の関節が弱い方は

◆ぐっと押しつけなくてすむように、指にたっぷりインクをつけて、軽くスタンプすると遊べます。

この遊びのPoint

◆指や手、関節、いろいろな部位を使うことで、遊びながら体の健康状態がわかります。指のむくみや足のむくみ、関節の腫れや曲がり具合、スタンプすることで、自分の「体発見」になります。

手・指で遊ぶ

三つ編みで乙女な気分

三つ編みは、ひも遊びの基本形。
いろいろなひもを使って三つ編みをマスター。
アレンジをして小物をつくってみましょう。

用意するもの◆
いろいろなひも（毛糸　リリアン　スズランテープ　麻ひも　荷造りひもなど）

遊び方◆

★三つ編みの編み方（1人で編む場合）

①ひもを3本束ね、束ねた側をガムテープなどで机に固定します。まず、1のひもを2と3のひもの間に入れます。

②次に、3のひもを1と2のひもの中に入れます。

③①の作業と同様に、一番左のひもを矢印の間に入れます。

④②の作業と同様に、一番右のひもを矢印の間に入れます。

⑤これを繰り返していきます。

完成!

> **アレンジ**
>
> ◆太い三つ編みをつくりたいときは、2本どり・6本で編んでみましょう。

◆違う種類のリボンや布、ひもの3種類で編むなどすると、変わった風合いができて楽しいです。

「きれいに編めているね!」

★花をつくる

①完成した三つ編みのひもを、中心から巻いて渦巻きにします。
長さが決まったら、もう一度長く伸ばして三つ編みひもの片方側面にボンドを付けます。ボンド面を内側にして渦巻きにしていきます。

②花びらの部分は1枚の花びらが描く弧の長さを決めて三つ編みしたものに、サインペンでチェックします。

③花びらの形と長さ、バランスが決まったところで、三つ編みひもの長さを切ります。

④サインペンでチェックした部分にボンドを付けて、渦巻きに固定するとお花のできあがりです。

編む力が弱い方は

◆編んでもふんわりと見える毛糸の2本どりや、布を裂いてつくった太めのひもで編むと比較的編みやすいです。

この遊びのPoint

◆三つ編み前の1本のひもの長さは50センチ程度が編みやすいです。
◆2人一組で編むと編みやすくきれいに仕上がります。
◆初心者の方はひもの色を3色変えると編みやすいです。

手・指で遊ぶ

指のからくり遊び

手の指はとても繊細で、複雑な動きをします。
魔法の指で、遊びながら楽しく
花やコースターを編みましょう。

用意するもの◆
毛糸　ヘアゴム　ヘアピン

遊び方◆

★ひもを編む

◆毛糸で丸をつくります。丸に人差し指を入れて、そこから長い部分の毛糸を引き寄せます。

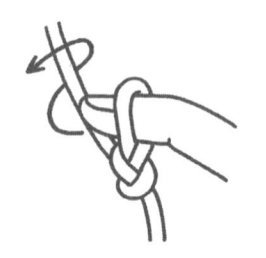

◆そこで初めの丸と同じサイズに、2個目の丸を維持します。2個目の丸に人差し指を入れて、そこから長い部分の毛糸を引き寄せます。そこで2個目の丸と同じサイズに、3個目の丸を維持します。

◆これを繰り返して必要な長さをつくれば、ひもの出来上がりです。

長く、編むよ!

★ひもゴムを編む

◆ふわふわの毛糸やひもや布など数種類の素材を一緒に編みます。
◆ひもを編む要領でゴムにしたいサイズの長さ（約60〜80センチ）を編みます。編んだらヘアピンなどで目立たない色の丸ヘアゴムを、網目の穴に通していきます。最後に丸く結んでヘアゴムの出来上がりです。

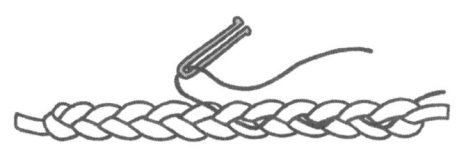

★丸を編む

◆毛糸を3〜4本どりにしてひもを編んでいきます。中央から円を描くように渦をつくり、つくりたいサイズの長さを編みます。
◆ひもが編めたら、黒のヘアピンに同じ毛糸を通し、中央から渦を描いたものをまつり、固定していきます。ほしいサイズまで渦を描いて、円の出来上がりです。

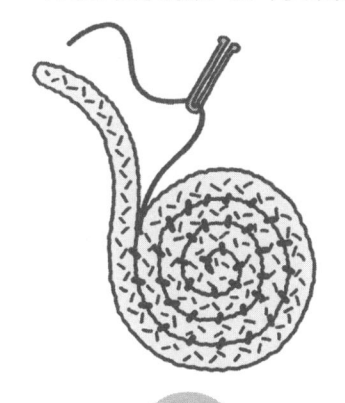

この遊びのPoint

◆時間をかけて丁寧にコツコツと同じ動作をする遊びです。でも、出来上がるといろいろなものに応用できます。

編む力が弱い方は

◆太めの糸でざっくり編むことから始めてみましょう。

手・指で遊ぶ

おしぼりアート

おしぼりやナプキンでかわいい動物や花を
つくりましょう。おもてなしの
テーブルコーディネイトにもぴったりです。

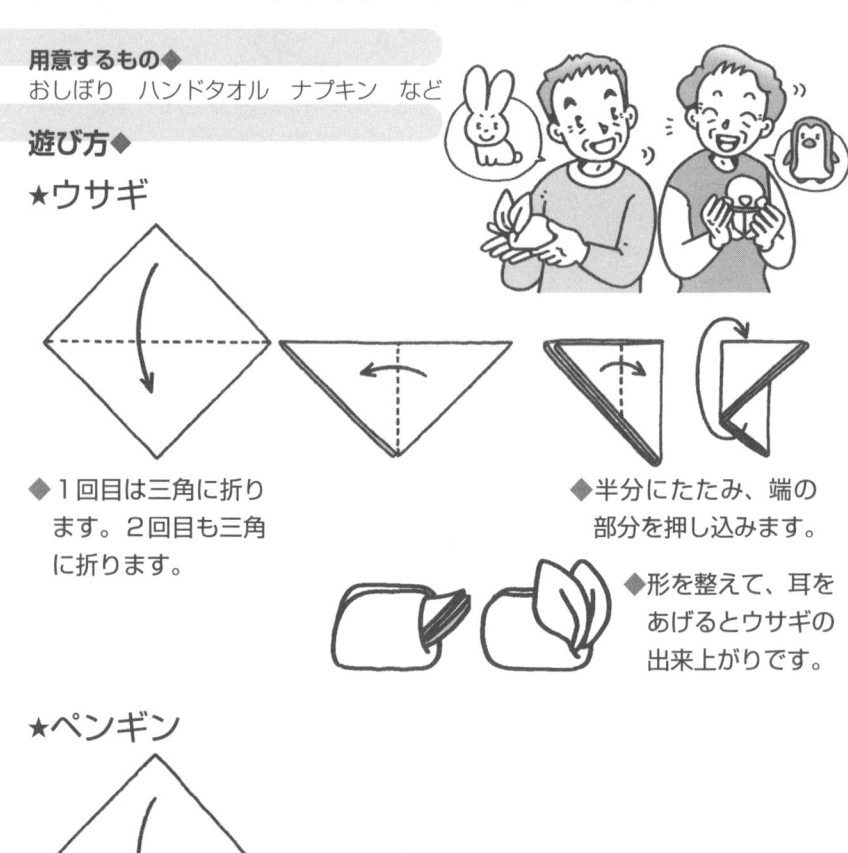

用意するもの◆
おしぼり　ハンドタオル　ナプキン　など

遊び方◆

★ウサギ

◆1回目は三角に折り
　ます。2回目も三角
　に折ります。

◆半分にたたみ、端の
　部分を押し込みます。

◆形を整えて、耳を
　あげるとウサギの
　出来上がりです。

★ペンギン

◆1回目は三角に折ります。
　ロールにして巻きます。

◆まず、半分に折ります。2回目に折った部分を輪ゴムかひもでしばるとペンギンの出来上がりです。

★花

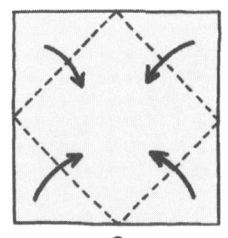

◆1回目は四つ角を中央に持っていくようにたたみます。

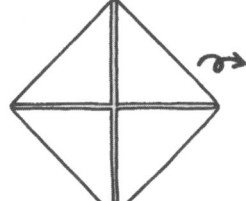

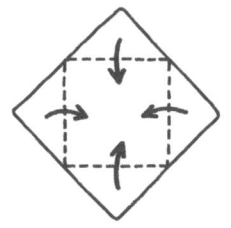

◆2回目はさらに四つ角を中央に持っていくようにたたみます。

◆3回目は裏に返してまた四つ角を中央に持っていくようにたたみます。

◆最後に花弁を8枚開いて花の出来上がりです。

指の力が弱い方は
◆ぬれているおしぼりよりも、乾いている物のほうが指に力がかからないので、たたみやすく、形が整います。

数人で遊ぶ場合
◆同じおしぼりタオルを使っても、それぞれ形や出来具合が微妙にことなってきます。
好きな色のタオルで作品をつくり、展示会をしても楽しいですね。

この遊びのPoint
◆「たたむ」という動きは、日常生活のなかでは、衣類をたたむ動作につながります。

手・指で遊ぶ

歌ってつくろう バルーンアート

バルーン（風船）はカラフルでふわふわで、とても愛らしい素材です。出来上がった作品は、飾りにも運動にもなるので一石二鳥です。

用意するもの◆
ツイストバルーン260インチ　ラウンドバルーン12インチ（大きめ）

遊び方◆
◆替え歌を歌いながらバルーンをひねり、作品をつくりましょう。
★ハトポッポの替え歌（4拍子の6小節でできています）
★どんぐりころころの替え歌（4拍子の8小節でできています）

★はちまき（ハトポッポのリズムで）

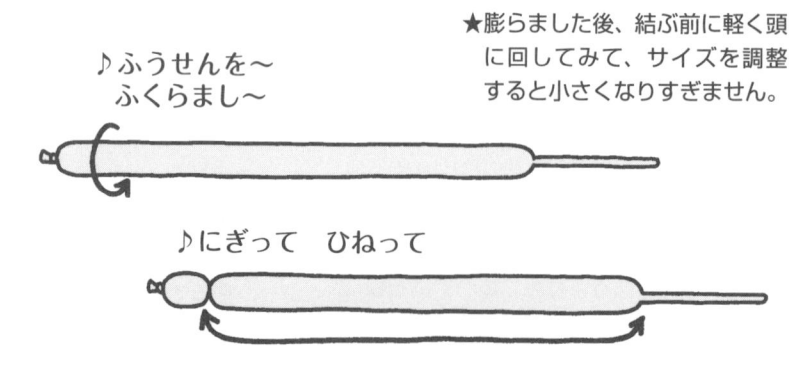

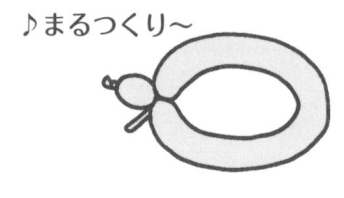

♪ふうせんを〜
　ふくらまし〜

★膨らました後、結ぶ前に軽く頭に回してみて、サイズを調整すると小さくなりすぎません。

♪にぎって　ひねって

♪まるつくり〜

♪あたまにかぶって
　はちまきだぁ〜

★巻きつけた後に、1度、かた結びしましょう。

★飛びネズミ（ハトポッポのリズムで）

♪10センチ〜　ふくらまし〜

♪ひねって　みっつの
　玉つくり〜

♪合わせてみたなら
　飛びネズミ〜

★ひねった玉の4の部分が1・2・3より小さくならないようにつくると、飛ばしやすくなります。

★うで輪（ハトポッポのリズムで）

♪10センチ〜　ふくらまし〜

★玉をつくる時は、必ず結び目は左側にしましょう。割れないコツです。

♪玉をいつつ　つくったよ

♪まるく〜
　つなげて〜
　うで輪だよ〜

★初めの結び目と
　最後の終わり部分で、
　かた結びしましょう。

★お花（ハトポッポのリズムで）

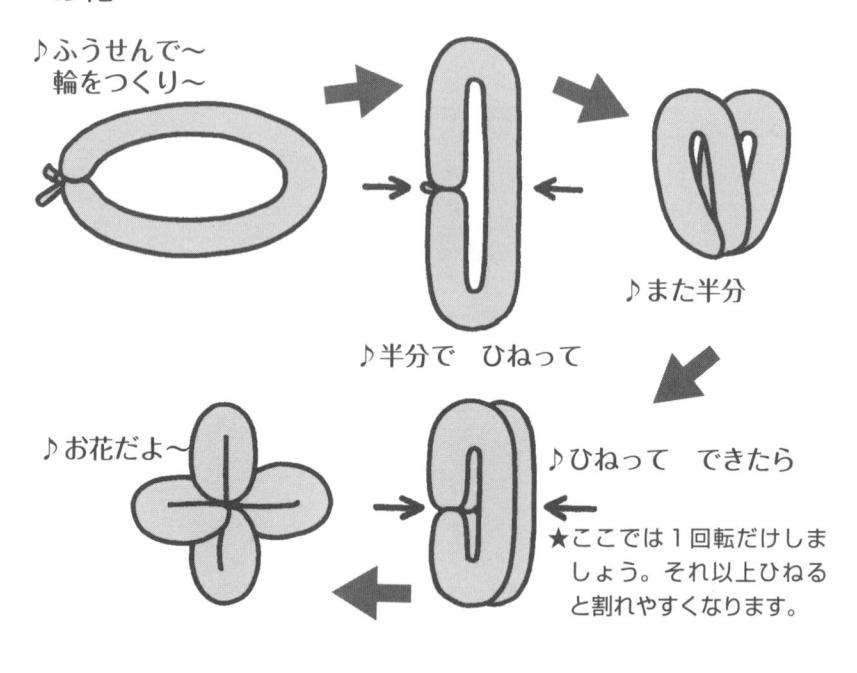

♪ふうせんで〜 輪をつくり〜

♪半分で ひねって

♪また半分

♪ひねって できたら

★ここでは1回転だけしましょう。それ以上ひねると割れやすくなります。

♪お花だよ〜

★ワンちゃん（どんぐりころころのリズムで）

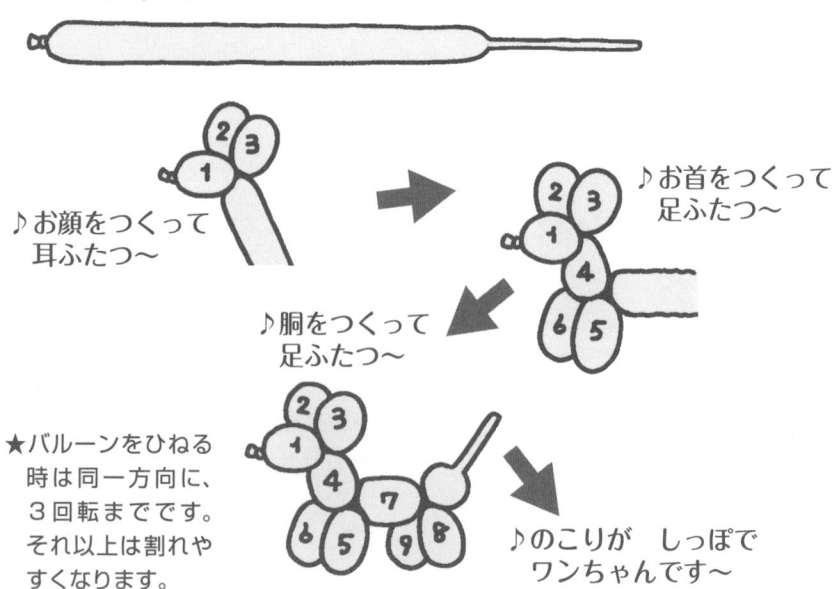

♪お顔をつくって 耳ふたつ〜

♪お首をつくって 足ふたつ〜

♪胴をつくって 足ふたつ〜

★バルーンをひねる時は同一方向に、3回転までです。それ以上は割れやすくなります。

♪のこりが しっぽで ワンちゃんです〜

72

★キリンさん（どんぐりころころのリズムで）

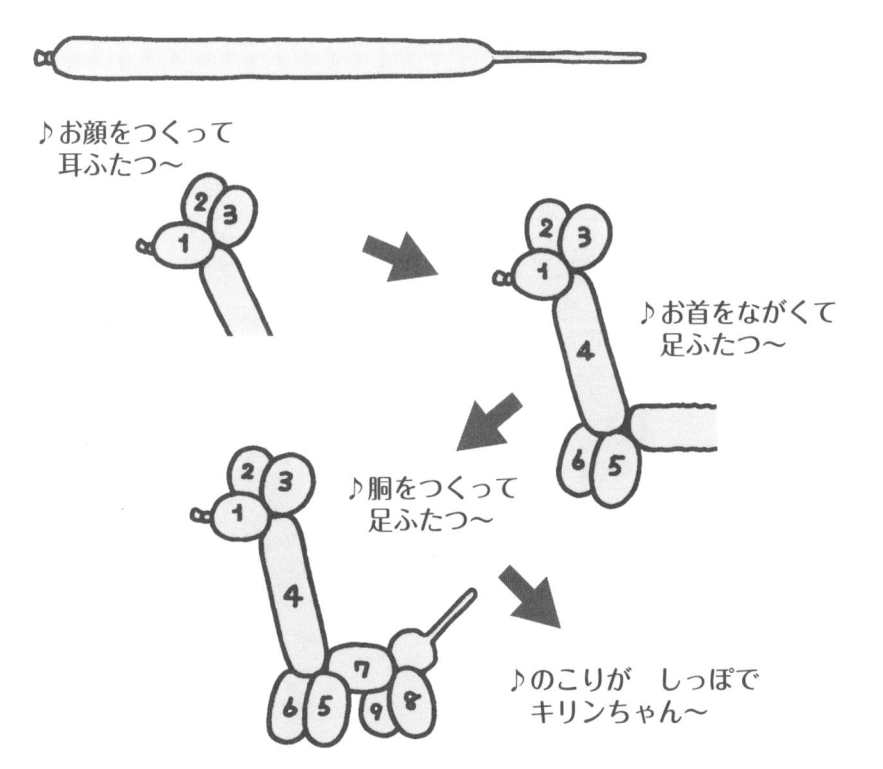

♪お顔をつくって
　耳ふたつ～

♪お首をながくて
　足ふたつ～

♪胴をつくって
　足ふたつ～

♪のこりが　しっぽで
　キリンちゃん～

★キリンの首は、特に長めにつくりましょう。黄色以外でキリンをつくってもよくわかるようにです。

★たこさん（どんぐりころころのリズムで）

♪長いの4本ふくらまし〜

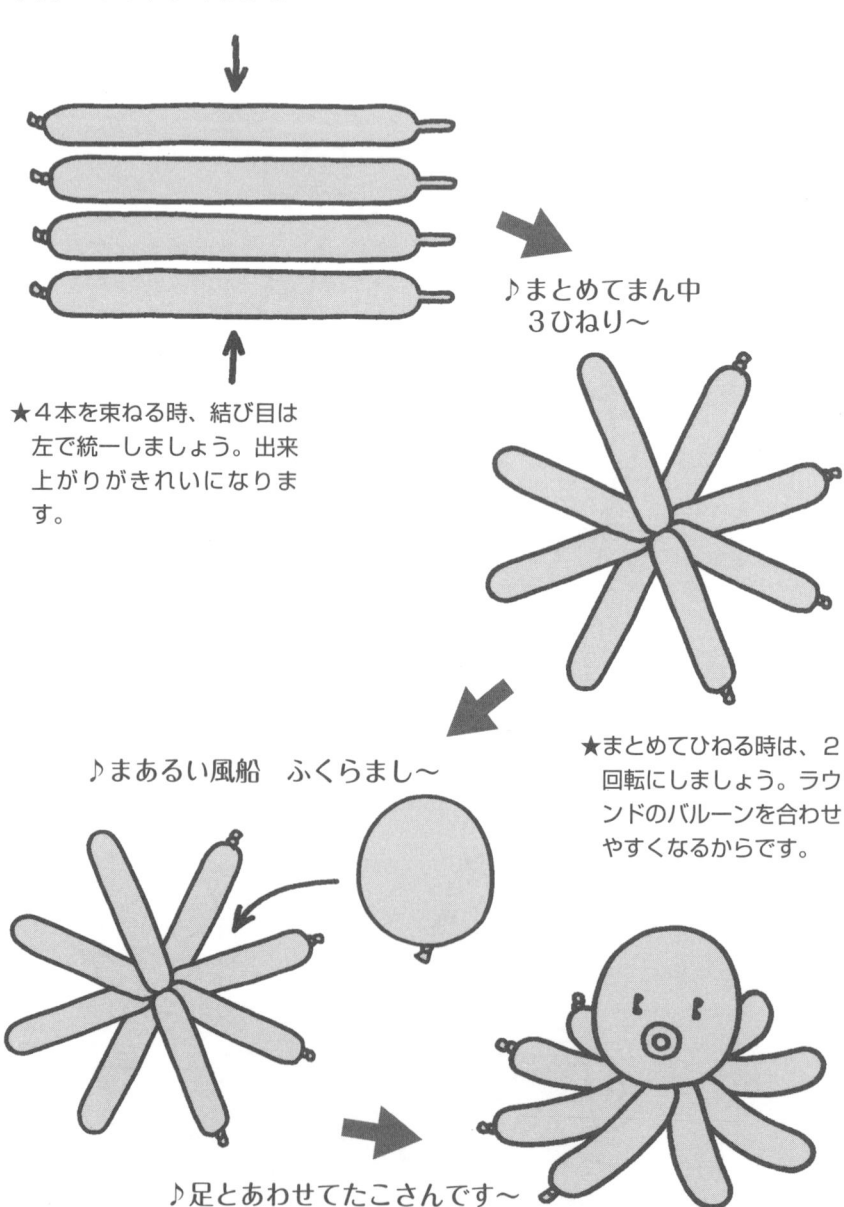

★4本を束ねる時、結び目は左で統一しましょう。出来上がりがきれいになります。

♪まとめてまん中　3ひねり〜

★まとめてひねる時は、2回転にしましょう。ラウンドのバルーンを合わせやすくなるからです。

♪まあるい風船　ふくらまし〜

♪足とあわせてたこさんです〜

★お魚さん（どんぐりころころのリズムで）

♪まあるく風船ふくらまし～

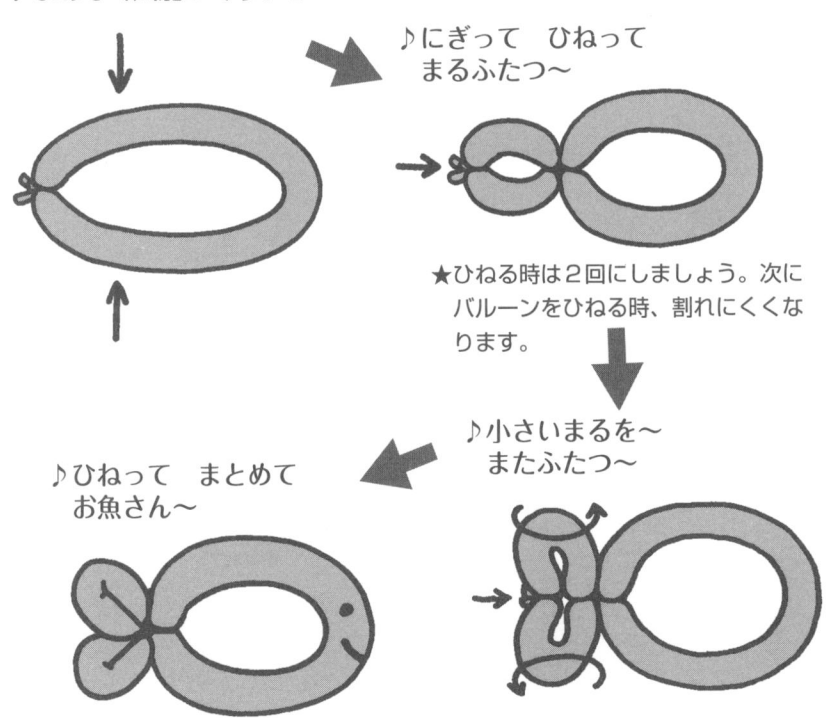

♪にぎって ひねって まるふたつ～

★ひねる時は2回にしましょう。次にバルーンをひねる時、割れにくくなります。

♪小さいまるを～ またふたつ～

♪ひねって まとめて お魚さん～

運動ポイント●指や手の機能を維持する運動になります。「つかむ」「つまむ」の動作が運動になります。このような動作を繰り返していくことで、日常生活の「箸・鉛筆」を握る動作ができる運動になります。

つまむ力が弱い方は

◆膨らましたバルーン部分を手でもんで柔らかくすると、潰しやすく指に力がかかりませんよ。

数人で遊ぶ場合

◆みんなで歌を歌いながら、つくってみましょう。さまざまな形が出来上がって楽しいですよ。

この遊びのPoint

◆膨らまして、ゴムを結び、つぶしてひねる。この一連の動きが指から肩までの動きに関係しています。日常生活の中では「ぞうきん絞り」「ドアノブを回す」と同じ動作をする遊びになります。

足・指で遊ぶ

足指じゃんけん じゃんけんポン！

足の指でも、グー・チョキ・パー。
足指でじゃんけんをしましょう。

用意するもの◆
椅子またはマット

遊び方◆
対面式に座って準備します。

★グーのやり方

◆まずは、指を曲げられるように
ウォーミングアップしましょう。
本当の「グー」は指を曲げるので
はなくて、その付け根にある関節
を思いきり曲げることが「正しい
グー」です。

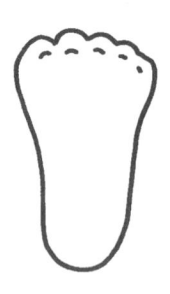

★チョキのやり方

◆親指と人差し指だけを曲げずに、
開いて伸ばし、他の指は握りま
しょう。親指と人差し指は前後に
開かずに横に開くようにします。

★パーのやり方

◆出来るだけ指をそらさないように各指を離して広げます。

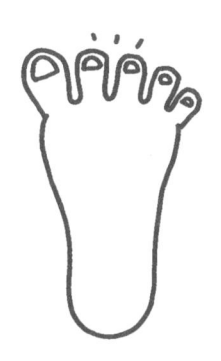

アドバイス

◆両足の指を一度に動かす方法がありますが、片足ずつでもかまいません。麻痺などがある方への配慮として、片足ずつ始めるのも1つの方法かもしれません。

ポイント●血行もよくなり、足裏の筋肉を強くし、転倒予防になります。

◆足の裏の筋肉が弱っているときは、「つる」ことがありますが、継続するとつらくなってきます。10カウントから、どんどん増やしていきましょう。

◆最初は、痛みを感じたり、関節が「ポキッ」となることがありますが、無理せず根気よく毎日続けましょう。
◆足だけで形にならない場合は、手を添えて曲げてみましょう。

足指が動かしにくい方は

◆初めは手を添えて開きながらすすめましょう。高齢者でなくても、大人はなかなか開きにくくなっています。

この遊びのPoint

◆指先の動きは、日常生活の中で、階段昇降の時に必要とします。

足・指で遊ぶ

握って伸ばして１・２・３

「１・２・３……」声を出しながら、
足の指を上げていきます。１本１本動かすのは、
意外と難しい動作ですよ。

用意するもの◆
椅子

遊び方◆
基本のポーズは、両足の裏をぺたりと床につけておきます。

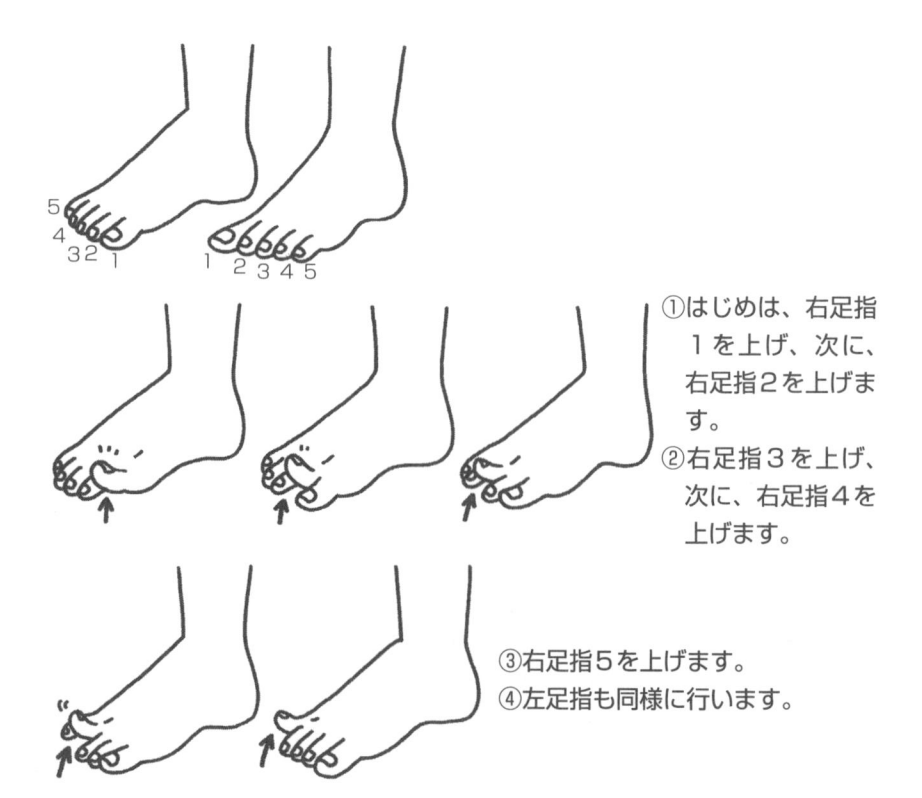

①はじめは、右足指１を上げ、次に、右足指２を上げます。
②右足指３を上げ、次に、右足指４を上げます。
③右足指５を上げます。
④左足指も同様に行います。

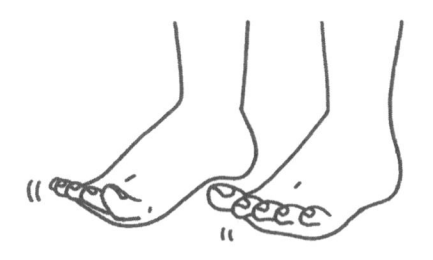

⑤はじめは、左足指１を上げます。次に、左足指２、左足指３、左足指４、左足指５を上げます。
⑥両足の足指を全部上に上げます。

手でやってもいいよ！

アレンジ

◆座ってもできます。リズムに合わせたり、歌いながら同時に動かすと、さらに脳への刺激になります。円陣をくんだり、椅子に座ったり、マットに腰を下ろしたり、リラックスできる方法をとりましょう。

足指が動きにくい方は

◆指の間を開くために、5本ソックスを利用して他動的に開くようにしてみましょう。

この遊びのPoint

◆この動きは、転倒予防に大きくつながってきますので、日常の生活に取り入れていきましょう。

足・指で遊ぶ

ぎゅ〜っとつかむと逃げちゃうよ

ペットボトルのふたを足でつかみ、移し変えたり、ふたを足指にはさみ、足指間を広げてみましょう。

用意するもの◆
ペットボトルのふた　缶箱　椅子

遊び方◆
椅子に座って準備します。

★ふた移動

◆まずは、指がつらないように足指のストレッチをします。両方の足指をグーのように握り、それをパーのように開き、数回リズミカルにグー、パー、グー、パーします。
◆足の前に、ペットボトルのふたを置いた缶のふたを準備し、その横に缶箱を置きます。最初は右足から始めます。取り上げたふたを缶箱の中に入れます。
◆音楽を流したり、歌を1曲歌う間に、いくつつかめるかカウントしましょう。次は左足で右足同様に行います。

★ふたはさみ

◆足指の間に、手でふたをはさんでいきます。指が開きにくいために、ふたが落ちやすくなりますが、根気よくはさんでください。
◆はさみにくい足指間の場合は、そこだけにふたをはさみ、広げるようにしていきます。

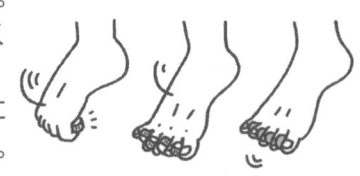

アレンジ

◆ふたの内側をすべて下にしてセットします。ふたのいくつかに「当たりキャップ」と「はずれキャップ」をつくります。内側によくわかるように油性マジックで印をつけましょう。はさんだまま足を上げてみんなに見てもらいましょう。

赤　あたり　　青　はずれ

◆はずれることなくつかめるようになった方は、お湯を張ったバケツにふたをはさんだまま、足を入れてみてください。はさんだはずが……はずれて浮いてしまうことがあります。はずれてしまった足指が弱い部分だとわかります。夏などは水を張ると気持ちがよいです。

取りにくい…

◆すべてのふたの内側に数字をつけて、合計点数を競うゲームも、計算をしながら脳の刺激になるのでオススメです。数字は簡単にできる0〜5までが良いでしょう。

ポイント●ふたがはさみづらい方は、ビー玉からはじめると比較的簡単でスムーズにできます。

ポイント●つかみやすい大きさは直系1.5センチ程度までです。

ポイント●両足の指を一度に動かす方法がありますが、片足ずつでもかまいません。

足指が動きにくい方は

◆足指だけで行うのではなく、手をそえて握ったり開いたりしてみましょう。

この遊びのPoint

◆指先の動きは、日常生活の中で、踏み込む時に必要となります。

足・指で遊ぶ

クチャクチャ新聞紙

10本の指を尺取り虫のように動かして、
新聞紙を細かく、素早く丸めていきましょう。

用意するもの◆
新聞紙　椅子

遊び方◆
◆椅子に座って準備します。
①まずは、指がつらないように足指のストレッチをしましょう。両方の足指をグーのように握り、それをパーのように開きます。リズミカルに数回、グー、パー、グー、パーします。
②足元に、半分のサイズにした新聞紙を広げ、親指から小指に力をかけて手前の紙を握ります。
③そのまま、指を動かしスライドしながら先にある新聞を少しずつ握っていきます。

アドバイス

◆終わった後は、濡れタオルを足元に置き、新聞紙同様に丸めながら拭いていくと足がきれいになります。少し重さを感じますが、指の力がついてきます。

◆かかとは動かさないで行うと、指が動かしやすいです。

数人で遊ぶ場合

◆「よーいドン!」の掛け声で競争しましょう。

むずかしい…

あと、もうすこし!

濡れタオル

足指が動きにくい方は

◆足指だけでなく、手を使い、握ったり開いたりしましょう。

この遊びの Point

◆指先の動きは、日常生活の中で、駆け足の時に必要とします。

足・指で遊ぶ

踏んで踏んで
ボヨンボヨ〜ン

足の裏でバルーンを踏むと、足底の安定感の強化と、下肢・大腿の運動になります。

用意するもの◆
椅子　風船

★バルーンの準備

◆適量の空気が踏みやすいので、結ぶ前に手の親指と人差し指、中指でつぶしてみます。指同士の腹がつくことが最適量の目安です。

◆バルーンは2個必要です。足を肩幅に開きます。

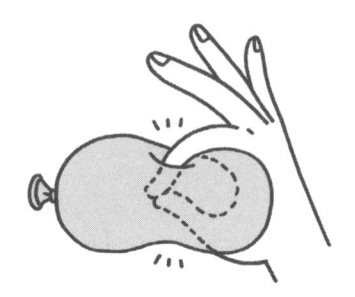

遊び方◆

◆1個のバルーンを右足・左足・右足、と交互に踏み10カウント行います。踏む強さはバルーンが半分の幅になるくらいまでつぶせるとよいでしょう。

◆左足は床に下ろし、右足でバルーンを踏み10カウント行います。次に、右足は床に下ろし、左足でバルーンを踏み10カウント行います

◆2個のバルーンを1つは右足、1つは左足の下に置き、右足、左足、と交互に踏み10カウント行います。

◆1つのバルーンを右足の指先でにぎり、10カウント行います。次に、1つのバルーンを左足の指先でにぎり、10カウント行います。

◆2つ使い、両方の足指でにぎり、10カウント行います。以上の動きを音楽や歌に合わせて行います。

ポイント●両足同時だと、バルーンの弾力性でなかなか力が入りにくいですが、続けて踏んでみましょう。

ポイント●玉乗りのようにサイドにずり落ちやすいので、足首をひねらないように気をつけましょう。

足首が動きにくい方は

◆足首の曲げ伸ばしを充分にしてから開始してください。また、風船に空気をたくさん入れると弾力性が強く、踏みにくいので、空気量を加減するといいでしょう。

この遊びのPoint

◆足首を軟らかくする動きは、日常生活の中で、歩行の持久力を高めてくれます。

足・指で遊ぶ

思わず興奮 足の動き イメージトレーニング

椅子に座ったまま、足を使った様々な動きをイメージして動かします。
夢中になりすぎて筋肉痛にご注意!

用意するもの◆
椅子

遊び方◆

◆椅子に座って準備します。各動作は、5回〜10回のカウントで始めてみましょう。

★歩く

右、左と順番に足踏みします。

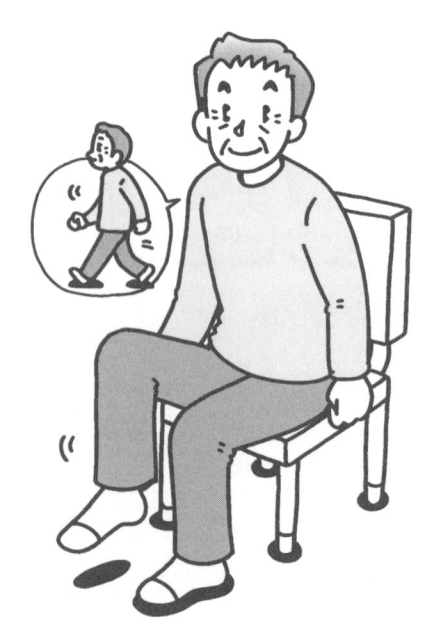

★走る

右、左と順番にバタバタと走る速さで足踏みします。

★ケンケン

最初は右からケンケンしてカウントしたら、同様に左足もケンケンします。

数人で遊ぶ場合

◆声をかける人を決めて「歩きま〜す。1・2・1・2」など誘導してもらうと、みんなで動いているようで楽しいです。

足が動きにくい方は

◆まずはできる動きから、少しずつ始めましょう。

★自転車こぎ

前に踏み込むような動きで、足の指先を使います。

★階段歩き

右足から上に、さらに上に上がる感じで足を動かします。背中に背もたれのある椅子があるといいですね。腹筋も使います。

★ジャンプ

座ってジャンプは、勢いをつけて両足を床から垂直に蹴り上げる感じで足を離します。

★滑る

右足のかかとを滑らせて、前にスル〜ッと移動させるように滑ります。反対の足も滑らせてみましょう。

この遊びのPoint

◆日常生活の中で、大切な歩行につながり、転倒の予防にもなります。

足・指で遊ぶ

登って降りて、行ったり来たり

台の上、箱の上など、
実際の階段をイメージして
登り降りのトレーニングをしてみましょう。

用意するもの◆
登り降りしても大丈夫な箱（高さ10～15センチ程度）

遊び方◆
各5回～10回クールで始めてみましょう。

①右足で登り、次に左足で登ります。
　続けて右足から降りて左足も降ろします。

②右足で登り、次に右足で降ります。
　続けて左足で登り左足で降ります。

③右足で登り、次に左足で登ります。
　続けて左足から降りて右足も降ろします。

④次に①〜③の降り足を台の横側に変えてみます。
　右足は箱の右側に、左足は箱の左側に降ります。

⑤次に①〜③の降り足を台の前側に変えてみます。

数人で遊ぶ場合

◆声をかける人を決め、「歩きま〜す。1・2・1・2」など誘導してもらうと、みんなで一緒に動いているようで楽しいです。

足が動きにくい方は

◆すべてを続けてやろうとせず、まずはできる動きから、少しずつ始めましょう。

この遊びのPoint

◆日常生活の中で、大切な歩行につながり、転倒の予防にもなります。

足・指で遊ぶ

輪ゴムのお散歩

左右の指を使い、輪ゴムを指から指へと移動させます。輪ゴムが外れないように、指の広げ具合がポイントです。

用意するもの◆
輪ゴム

遊び方◆
◆基本のポーズは両足の裏をぺたりと、床につけます。腰を下ろして、マットに座り体育座りで行います。

★**右足を動かす方法**（左足を動かす方法も同様です）

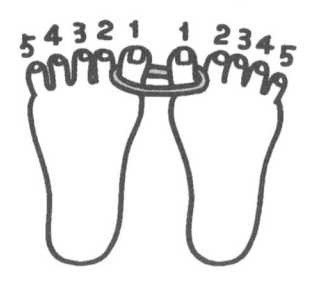

①はじめは、左足指1・右足指1にゴムがあります。

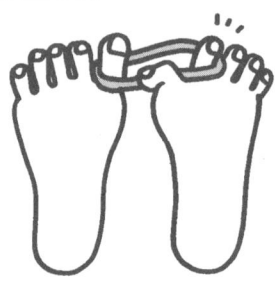

②右足指2に動かします。

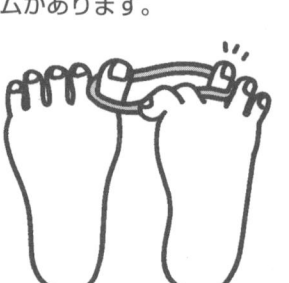

③右足指2から右足指3に動かします。

アレンジ

◆寝ていても、座っていても出来ます。リズムに合わせたり、歌いながら同時に動かすと、さらに脳への刺激になります。

④右足指3から右足指4に動かします。　⑤右足指4から右足指5に動かします。

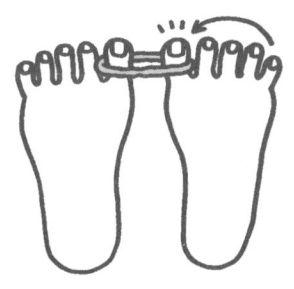

⑥右足指5から右足指1に動かし、はじめに戻します。

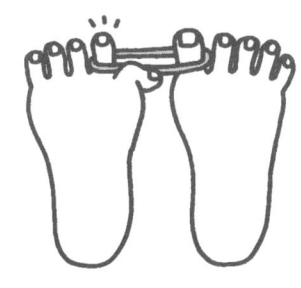

⑦左も同じように行ってみましょう。

数人で遊ぶ場合

◆円陣をくんだり、椅子に座ったり、マットに腰を下ろしたり、リラックスできる方法をとりながら、みんなで楽しみましょう。

ポイント●足指に番号をつけています。迷う方は、足にマークをつけてあげるとよいでしょう。

足指が動きにくい方は

◆足指の間を開くために、5本ソックスを利用したり、最初は手の指で足指間を広げて他動的に開くようにしていきましょう。

むむむ…

この遊びの Point

◆この動きは、転倒予防に大きくつながってきますので、日常の生活に取り入れていきましょう。

PROFILE
大石亜由美
おおいし　あゆみ

1967年東京都生まれ。
聖マリアンナ医科大学付属看護専門看護学校卒業。
バルーンアートとの出会いを生かし、高齢者の
バルーンリハビリ（風船機能訓練）に力を入れ活動している。
カラフルなバルーンが持つ特性を最大限に生かし、
バルーンリハビリの魅力を伝え、多くの人材を
育成していきたいと考えている。

【主な活動内容】
訪問看護師・救急救命士・産業保健指導員・心理相談員
バルーンリハビリインストラクター・バルーンプランナー
カラーハート セラピスト・作家
ヘッドスパセラピスト・コラージュ作家

【著書】
『バルーンリハビリ　高齢者の体と心の風船機能トレーニング』
『壁面・イベントに生かす　子どもと楽しむバルーンアート』
（いずれも、いかだ社）

編集●内田直子
イラスト●種田瑞子
ブックデザイン●リトルこうちゃん＋渡辺美知子デザイン室

高齢者の毎日できる
指遊び・手遊びで機能訓練

2010年2月14日　第1刷発行

著　者●大石亜由美Ⓒ
発行人●新沼光太郎
発行所●株式会社いかだ社
　　　〒102-0072　東京都千代田区飯田橋2-4-10　加島ビル
　　　Tel.03-3234-5365 Fax.03-3234-5308
　　　振替・00130-2-572993

印刷・製本　株式会社ミツワ
乱丁・落丁の場合はお取り換えいたします。
ISBN978-4-87051-274-0

いかだ社の本

亀は万年ブックス　高齢者のための遊びと健康の本

（各巻とも）原田律子[編著]　A5判96ページ　定価（本体1,500円＋税）

高齢者のレクリエーション＆健康ゲーム

タオル1本でできる体操、集団ゲーム、車椅子ダンスなど、お年寄りの心と体をケアするレク33種。体力や障害の程度に応じてアレンジできます。

高齢者の手あそび・指あそび＆足体操

毎日元気！歌と身近な道具でできるベスト40。手足を効果的に動かして元気になりましょう。楽しみながら体を刺激する遊びと体操の本です。

高齢者も楽しい　車椅子でできる健康体操＆レク

機能回復に役立ち、毎日無理なく続けられます。車椅子に不慣れな初期から中期・回復期まで、段階に応じてできる体操・レクを集めました。

高齢者の疾病別リハビリ体操

骨粗しょう症・関節リウマチ・パーキンソン氏病・糖尿病・脳梗塞。これら5つの疾病を患った時に最適なリハビリ運動を紹介します。

大人が楽しむ　はじめての塗り絵ファーストブック
趣味に、リハビリに、大好評！

（各巻とも）おくださがこ[絵と文]　A4変型判56ページ　定価（本体1,000円＋税）

色えんぴつや絵の具で気軽に始めてみませんか。カラー完成図をお手本に、1枚ずつ切りとってすぐに塗り絵が楽しめます。
下絵12～13作品、ポストカード4枚収録。全作品完全見本付き。

- vol.1 秋冬の花
- vol.2 春夏の花
- vol.5 山に咲く花
- vol.7 花ごよみ